子どもが飛びつく！おもしろ雑学

本郷陽二

日文新書

はじめに

「ねぇ、どうして？」「なんで？」と子どもから聞かれて、「えっ⁉」と思ったことはありませんか？

たとえば、「植物の葉っぱは、なんで緑色なの？」「どうして電子レンジは火を使わないのに食べ物が温まるの？」「夜空の星座は、どれくらいあるの？」「心臓はどうして、ずっと動いているの？」などと聞かれて、子どもにきちんと説明できるでしょうか。

そんなとき、「いま、忙しいからあとで」とか、「昔から決まっているのよ」なんて答える親も多いようです。あるいは、子どもに聞かれたお母さんは「お父さんに聞いて」と答え、お父さんに聞くと、「お母さんに聞いてごらん」と答えて、子どもに、「もう、いいよ！」なんて言われていませんか。

この本は、大人にとっては当たり前のことでも、子どもからすれば大いなる疑問を集めて、解き明かしたものです。とはいっても、難しい計算式や専門的な知識を必要とする理論などは出てきません。だれにでもわかるようになっていますから、肩のこらない読み物として楽しんでもらえます。

また、「そういえば、どうしてなんだろう……」と、大人でも不思議に思うこと、知っていそうで知らないような話もたくさんあるはずです。子どもから聞かれなくても、おもしろいと思った話を、「こんなこと知っている？」と話題にしてもいいでしょう。

「ビールやコーラの王冠のギザギザの数って、じつは決まっているのを知っている？」「瞬間接着剤は、どうして、容器のなかで固まってしまわないのだろうか？」「地震のマグニチュードと震度の違いを説明できる？」「黄色い新幹線を見たことある？」など、つい誰かに話したくなる話のネタとしても使ってみてください。

子どもにとっては、食べ物でも、動物でも、植物でも、乗り物でも……世の中には不思議なことがたくさんあります。そうした子どもの澄んだ目から見た疑問に答えてあげることで、子どもの心に芽生えた「？」を「！」にできると思います。

本郷　陽二

第1章 動物編

ナマケモノは本当になまけ者なの？

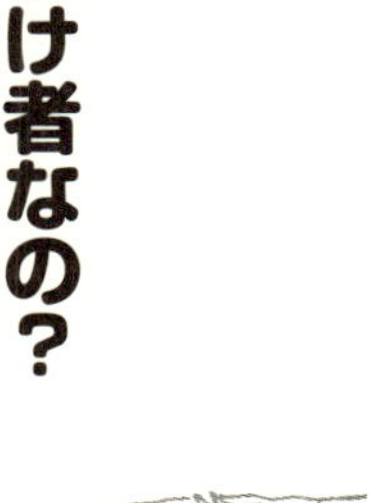

第3章 人体・健康編

フィギュアスケートの選手は、なぜ目が回らないの？

第5章 乗り物編

「黒船」は本当に黒かったの？

第6章　飲み物・食べ物編

氷は、どうして水に浮くの？

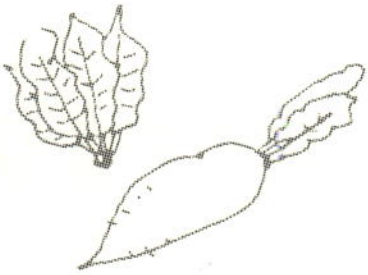

第7章 素朴な疑問編

巨大クレーンはどこに消えるの？

第１章　【動物編】

ナマケモノは本当になまけ者なの？

ゾウの鼻は、なぜ長いの？

動物園で大人気のゾウ。あの長い鼻は、呼吸のためだけのものではありません。地面のエサをまとめて口に運んだり、木の枝からエサを取ったり、川や池から水を吸い上げて口に流し込んだり、暑いときには吸い上げた水を大きな体にかけたりと、大活躍です。つまり、ゾウの鼻は、手の代わりをしているだけでなく、ポンプやシャワーのような役割まではたしているというわけです。

長い鼻は、鼻と上唇《うわくちびる》がひとつになったものです。ゾウの口は鼻の下にあるため、たとえば、川の水を飲むときにしゃがもうとしても、あの大きな体ですから、たいへんな苦労がいります。そのため、長い鼻をポンプ代わりにして水を飲んでいるわけです。

生まれたばかりのゾウの赤ちゃんも、長い鼻をもっています。しかし、親のゾウのように器用に鼻を使うことはできません。体の成長とともに、鼻を使う練習もして、じょうずに使いこなせるようになっていくのです。

コウモリは飛べるけれど、鳥の仲間じゃないの？

翼《つばさ》をはばたかせて飛ぶため、鳥の仲間のように思われるコウモリ。しかし、じつは哺《ほ》乳類《にゅうるい》です。鳥類とは、はっきりとした違いがあります。

たとえば、鳥の前足は指が退化していて、翼は腕全体から生えたものですが、コウモリには5本の指があり、翼は薄い皮膚《ひふ》の膜《まく》です。

また、鳥類はタマゴを生んで、そのタマゴからヒナがかえりますが、コウモリは母親のコウモリから子どもが生まれます。

なぜ、コウモリは天井にぶらさがってるの？

コウモリといえば、洞窟《どうくつ》などで、さかさまになってぶらさがっている姿がおなじみです。なぜ、ぶらさがっているのかといえば、「鳥類のように2本足で立てないから」です。コウモリは、鳥類とは体のつくりが違うために2本足では立てないの

です。

鳥の立っている姿を観察すると、胴体の途中から足が生《は》えているように見えます。この足の位置がポイントです。鳥が2本足で立てるのは、頭や翼《つばさ》、そして胴体といった体全体のバランスをうまくとれる位置に足があるからです。

それに対して、哺《ほ》乳《にゅう》類《るい》のコウモリは胴体の端《はし》から足が生えているので、鳥のように2本足で立つことができません。

人間やサルが2本足で立つことができるのは腰が発達しているからです。コウモリには前足（腕）が発達してできた翼はありますが、腰は発達していないので立つことができません。そのため、さかさまになってぶらさがるしかないのです。

どうして、コウモリは暗闇でも飛べるの？

昼間はおとなしくしていて、暗くなってから活動するコウモリの目は、どうなっているのでしょうか。

コウモリが暗闇《くらやみ》を飛ぶときには、目で周囲を確認するよりも、超音波《ちょうおんぱ》を発信することで障害物を避けています。飛びながらエサを発見できるのも、超音波に反応した小さな虫などをキャッチするためです。

コウモリというと、小説や映画、テレビドラマなどに登場する吸血鬼ドラキュラを想像する人も少なくないと思いますが、じつは「900種類以上いる」といわれるコウモリのなかで、吸血コウモリは、わずか数種類といわれています。

ライオンのメスには、なぜ「たてがみ」がないの？

百獣《ひゃくじゅう》の王と呼ばれるライオンは、立派な「たてがみ」が印象的です。ただし、それはオスだけのものです。メスのライオンに「たてがみ」はありませんから、ちょっと見ただけでは「大きなネコ」のようです。

ライオンのたてがみは、人間でいうと「男性のヒゲ」です。ライオンにも第二次性徴《せいちょう》という大人になるための準備期間があり、オスのライオンのたてがみは3歳くらいから生え始めて、4歳から5歳くらいで生えそろうといわれています。

メスのライオンには、たてがみを生やすような男性ホルモンがないので、オスの

ような姿にはならないのです。

ライオンのたてがみは、ただのかざりではありません。オスのライオン同士が闘うときに、急所である首を守る役割もはたしています。

鳥は、なぜ眠っても木の枝から落ちないの？

空を自由に飛ぶ鳥も、翼《つばさ》を休めることは必要です。地面に立って羽《はね》を休める鳥や、水面に浮かんで羽を休ませる鳥もいますが、たくさんの鳥が木の枝や電線にいるのを見ることもあるでしょう。

休むだけではありません。鳥は木の枝に止まったままで眠ることができます。もちろん眠っても、木の枝から落ちません。

その秘密は、鳥の脚《あし》の「腱《けん》」にあります。

人間の脚にも「アキレス腱」と呼ばれる腱がありますが、鳥の場合、脚全体につながる腱をもっていて、その腱がピンと張ると、脚の先にあるカギ爪《づめ》が木の枝などをギュッとつかみます。「腱」が「鍵《かぎ》」になっているわけです。

この腱の鍵はとても強く、鳥が眠ってもキープされています。そのおかげで、鳥は眠ってしまっても枝から落ちることはないのです。

ペンギンの足は凍らないの？

もし、人間が氷の上を歩いたら、冷たくて凍傷《とうしょう》を起こしそうですが、ペンギンは南極の氷の上でも平気です。なぜ平気かといえば、ペンギンは血液の流れをコントロールできるからです。

動物が寒さや冷たさで体温を奪われるのは、皮膚《ひふ》から熱を奪われるためと、もうひとつは、皮膚の下にある血管で冷やされた血液が体内を流れるからです。

ペンギンは、寒さや冷たさを感じた部分の血液の流れを少なくして、体に冷たい血液が流れるのを防いでいます。しかも、その部分を1℃から2℃という凍《こお》らない状態に保つことで、凍ることもなく、凍傷になることもなく、南極で暮らしていられるのです。

動物のタマゴは、なぜ「タマゴ形」なの？

ニワトリのタマゴやウズラのタマゴにかぎらず、動物のタマゴのほとんどが、「タマゴ形」をしています。もし、タマゴが、真四角だったり、まんまるだったりしたら、どうなるでしょうか。

まず、真四角だったら産むときに痛くてたいへんでしょう。また、まんまるだったら巣のなかでゴロゴロと安定しなかったり、産んだ場所から転がってコロコロ遠くまでいったりする恐れがあります。

つまり、生むためにも、生んだあとに巣で安定させるためにも、タマゴ形がもっとも優《すぐ》れているということになるのです。さらに、タマゴ形は、どの方向から力が加わっても、それを分散させることができる性質があり、強度の面から考えてもタマゴ形がもっとも丈夫ということになります。

ちなみに、恐竜のタマゴも、やはりタマゴ形だったといわれています。

イヌが舌を出してハアハアするのはなぜ?

暑いときに人間が汗をかくのは、皮膚《ひふ》の表面にある汗腺《かんせん》という穴から汗を出して、体温を下げようとする体のはたらきです。

もう少しくわしくいえば、汗腺には水分を出すエクリン腺と、においを出すアポクリン腺の2種類があります。人間にはエクリン腺が体中にあって、汗だくになることで体温を下げられるのです。

イヌにも汗腺はあります。しかし、そのほとんどがアポクリン腺で、エクリン腺は足の裏にしかありません。つまり、イヌは、においを放つことはできても、暑いときに汗だくになって体温を下げることはできません。そのかわりに、舌を出してハアハアと呼吸して体温を放出しているのです。

イヌにとっては、ハアハアという呼吸で、人間が汗だくになるのと同じくらいの効果があるといわれています。ちなみに、ハアハアというイヌの呼吸は「パンチング呼吸」と呼ばれています。

カバはピンク色の汗をかく!?

まるで都市伝説のように「カバはピンク色の汗をかく」という話が広がったことがありました。

しかし、実際にはカバの体には汗をかくための「汗腺《かんせん》」がありません。つまり、汗はかけないのです。

そのため、もし「カバの汗の色は何色か？」という問題が出されても、「何色でもない」としか答えられないというわけです。

もともと、カバは水辺で暮らしている動物です。暑いときには川や池に入れば体を冷やすことができるので、汗腺がなくても平気なのです。

ただし、カバの皮膚《ひふ》は乾燥や紫外線《しがいせん》に弱いため、水がないところでは皮膚の表面から粘《ねん》液《えき》を出して体を守ろうとします。この粘液が赤みを帯びた色をしているので、「カバはピンク色の汗をかく」という話になったというわけです

ゾウの耳は大きなうちわ？

ゾウといえば、長い鼻とともに特徴的なのが大きな耳です。

夏休みなどの暑い日に動物園のゾウを見ていると、耳をまるで大きなうちわのようにパタパタさせて、体全体を扇《あお》いでいることがありますね。

たしかに、大きな耳をうちわ代わりにして体を扇げば、きっと涼《すず》しいでしょう。しかし、その行動には、じつは、もっと大切な役割がありました。それは、体の熱を放出することです。

ゾウは人間のように、汗をかく汗腺が発達していません。だから、体温を下げるには、大きな耳をパタパタさせるのが効果的なのです。たとえば、車のラジエーターといったところですね。

アフリカやインドなど暑いところに生息するゾウですが、日本の夏も、やはり暑いのでしょう。

ネコはやっぱり猫舌？

熱い食べ物が苦手なことを「猫舌《ねこじた》」といいますね。では、ネコは実際に熱いものが苦手なんでしょうか。

「猫舌」の言葉どおり、ネコは熱いものが苦手なので、冷めないうちは口をつけません。ですが、それはネコに限ったことではなく、犬も、ゾウも、ライオンも、ゴリラも、ほとんどの動物が同じなのです。

なぜなら、野生の動物は熱いものを食べる機会がありません。加熱しておいしいと感じるのは人間だけなので、動物は熱いものが苦手なのです。

ナマケモノは本当になまけ者なの？

南アメリカ、中央アメリカの熱帯林に生息するナマケモノは、そのゆっくりとしたユーモラスな動きが特徴です。英語でも「sloth」と呼ばれていて、その意味は「怠惰《たいだ》」です。

さて、ナマケモノは本当になまけ者なのか。その生態をさぐってみると、たしかにそのようです。

生まれてから死ぬまで、木の上で生活するナマケモノは、木にぶらさがったまま、食事をして、睡眠をとります。しかも一日の睡眠時間は20時間といいますから、ほとんど一日中、眠っているような生活です。さらに、出産や子育ても、木の上ですませてしまいます。雨にうたれても、風に吹かれても、木にぶら下がったまま。嵐がきても避難しません。ずぶ濡れになったり、揺られたりしながらも動きません。ここまで徹底していると、ただのなまけ者ではなく、仙人のような生き方の動物といえるかもしれません。

日々の仕事や暮らしに忙しい人間にとっては、うらやましい存在にも思えますね。

カメレオンは、どうやって体の色を変えられるの?

動物や昆虫のなかには、保護色に身を包んでいるものがいます。周囲の景色にとけこんで自分の存在を目立たなくするのです。敵の目をあざむき、生き延びようというわけです。

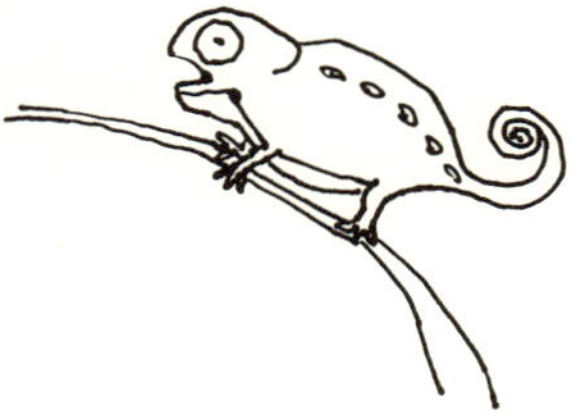

その典型ともいえるのがカメレオンです。なにしろ、周囲の色に合わせてサッと変色するのですから。

カメレオンが、周囲の色に合わせて体の色を変えられるのは、体の表面にあるメラノサイトという色素細胞を自在にあやつることができるためです。しかも、あっという間に変身してしまいます。

研究によると、メラノサイト細胞を小さい球のようにすると明るい色になり、木の枝が広がるようにすると暗い色になるそうです。

ライオンは、百発百中で獲物をゲットできる？

ライオンといえば肉食獣の王者です。狙った獲物《えもの》は百発百中で手に入れる……と思っていませんか。じつは、さすがのライオンでも、必ずしも狙った獲物をゲットできるわけではありません。

肉食動物は「エサを捕らえて食べなければ死」、草食動物は「エサにされたら死」というわけで、食うほうも食われるほうも、命をかけて生きています。

草食動物のキリンは、長い首を伸ばし、遠くまで草原を見渡して、敵を素早く見つけようとします。一方、肉食動物のチーターは、狙った獲物を時速１００キロ以上というスピードで追いかけます。自然界では、肉食動物対草食動物の厳しい生存競争が繰り広げられているのです。

ライオンが獲物をゲットできる確率は、およそ20パーセントといわれています。百獣《ひゃくじゅう》の王ライオンでも、場合によっては２週間くらいエサにありつけないようです。

ウシが口をモグモグさせるのはなぜ？

いまでこそ、ウシといえば牛乳や牛肉など、食生活と結びつけて考えられることが多いのですが、平安時代には貴族の乗り物である牛車《ぎっしゃ》や農耕用など、さまざまな用途で活躍していました。

さて、ホルスタインなどの牧場にいる乳牛をみると、たいてい口をモグモグさせています。この「いつもモグモグ」には、もちろん理由があります。ウシは、一度飲み込んだ牧草などのエサを口に戻して、もう一度モグモグと噛《か》んでいるのです。

これを「反芻《はんすう》」といいます。

ウシの体のなかには食べたものを発酵《はっこう》させる機能があります。反芻することで、その効果をあげているのです。

じつは、ウシには胃袋が4つあり、4番目の胃が人間の胃にあたります。ウシの1番目から3番目までの胃は、人間でいえば食道が変化したものといわれています。

ウシのほかにも、複数の胃袋をもつ動物がいる？

胃袋が4つもある動物など、ウシくらいしかいないと思う人もいるでしょう。ところが、ウシの仲間とされるヤギやヒツジ、キリン、さらにはアフリカ大陸の南部に生息するヌーも4つの胃袋をもつ反芻動物です。また、ウシの仲間ではありませんが、ラクダも反芻動物とされています。

こうした動物たちの共通点は草食であることです。何度も草を噛《か》んで繊維《せんい》を噛みくだきます。そして、胃の中の細菌の力を借りてエサを発酵させます。そうすることで、糖や脂肪酸などの栄養分を体内で生み出しているのです。

いってみれば、おなかのなかに食べ物の栄養価をパワーアップさせる工場をもっているようなものですね。

肉食動物と草食動物、見た目でわかる体の違いは？

ライオンやトラなどの肉食動物と、ゾウやキリンなどの草食動物では、体に大きな違いがあります。

たとえば、狙った獲物に向かって一直線に走る肉食動物の目は、顔の前のほうにあります。一方、草食動物の目は顔の両側にあります。目が離れていると広い範囲を見渡せるので、自分を狙う敵を素早く見つけて逃げられるというわけです。

また、歯も違います。肉食動物は、獲物に噛みついて倒し、その肉を食べるために鋭い歯が発達しています。それに対して草原の草などを食べる草食動物は、前歯は草をちぎるために鋭くなっていますが、奥歯は草をすりつぶすために、臼《うす》のように平たくなっています。

肉食動物と草食動物、見た目ではわからない体の違いは？

見た目ではわかりませんが、肉食動物と草食動物の内臓には決定的な違いがあります。それは小腸の長さです。

小腸は、胃で消化された食べ物の栄養分を吸収する内臓のひとつです。

ネコやイヌは肉食動物ですから、小腸は体長の4倍から4・5倍の長さになっています。

一方、草食動物のウサギの小腸の長さは体長の10倍にもなります。

ウマも草食動物で、小腸の長さは体長の10倍程度です。驚くことに、ウシは体長の20倍もの小腸をもっています。

ヌーは、1年間にどれくらい移動する？

アフリカの草原に「ヌー」という草食動物がいます。数十頭から数百頭ともいわれる群れで生活するウシの仲間で、鳴き声が「ヌー」と聞こえるためにその名がつけられたともいわれています。

ヌーが生息する地域の気候には、雨が降る雨季と、ほとんど雨の降らない乾季がありま す。雨季には草が育つのでエサの心配はありませんが、乾季になると草が枯《か》れてエサがありません。

そのため、ヌーはエサを求めてアフリカの大地を移動するのですが、驚くのはその距離の長さです。じつに2000キロといわれています。日本でいえば北海道から九州までの距離を、およそ1年かけて移動していることになります。

魚はニオイを感じることができるの？

おいしそうな匂《にお》いにしても、オナラの臭《にお》いにしても、私たちは空気を伝わってきたにおいを鼻で感じます。しかし、私たちが水の中に入ったとき、鼻に水が入ってしまうと、ツーンとしてニオイどころではありません。

では、水の中で暮らしているサカナたちは、においを感じないのでしょうか。

答えを先にいえば、サカナもにおいを感じます。

多くのサカナには、口の上のほうの左右それぞれに、前鼻孔《ぜんびこう》、後鼻孔《こうびこう》というふたつの穴があいています。これがサカナの鼻の穴で、泳ぐことによって、水が前鼻孔から入り、後鼻孔に抜けるしくみになっています。

このふたつの穴のあいだに、においを感じる粘膜《ねんまく》、つまり嗅覚《きゅうかく》器官があり、泳いでいるサカナは、においを感じることができるというわけです。

大型の草食動物は眠らないの？

肉食動物と草食動物とでは、睡眠時間が大きく違います。ライオンやジャガー、オオカミなどの肉食動物が一日に10時間から15時間くらい眠るのに対して、ゾウやウシ、ウマなどの大型の草食動物や、ヤギやヒツジのような草食動物たちは一日に3時間くらいしか眠りません。

その理由は、草食動物は、たくさんのエサを食べなければならないから。つまり、眠ることよりも食べることが重要で、食べるために一日の多くの時間を使っているというわけです。

こんなに短い睡眠時間で大丈夫なのかと思ってしまいますが、比較的、動きがゆっくりとした草食動物たちにとっては、短い時間でも十分な睡眠といえるようです。

トリは本当にトリ目なの？

夜になると視力が効《き》かなくなる夜盲症《やもうしょう》という病気があります。「鳥目《とりめ》」と呼ばれることもありますが、鳥は本当に夜になると目が見えないのでしょうか？

たしかに、ニワトリなどは暗いところでは視力が衰《おとろ》えるとされています。また、2010年3月、新潟《にいがた》県の「佐渡トキ保護センター」で放鳥の訓練中だったトキがテンに襲われて死んだことがありましたが、夜はトキの視力が衰えていたために逃げられなかったのではないかともいわれています。

ただし、カラスやヨタカに代表されるように、多くの鳥は「鳥目」ではありません。渡り鳥などの例外を除いて、夜になると鳥が飛んでいないために、昔の人は「鳥は夜になると目が見えない」と考えたのでしょう。

シマウマのシマ模様は何のため？

シマウマには、まるで横断歩道のような白と黒のシマ模様《もよう》があります。動物園で見ると、とても目立つ存在です。

ところが、シマウマが草原にいた場合、そのタテジマ模様のおかげで植物や周囲の景色にとけこんでしまい、目立たなくなります。

草食動物のシマウマは、ライオンなどの肉食動物から狙われやすいので、自分の体を隠すために、シマシマの模様で身を守っているというわけです。

夜行性のフクロウは、どうやってエサを見つけるの？

「ホーッ、ホーッ」と、やさしい声で鳴くことでおなじみのフクロウ。ネズミやヘビなどの小動物をエサにしています。

フクロウの多くは夜行性で、暗闇《くらやみ》でも目が見えますが、「耳でエサを探し出す」といわれています。目のまわりにある羽毛《うもう》が集音器の役目をはたし、どんな小さな音も聞き逃しません。この抜群の聴力で、小動物の動く音をキャッチします。獲物がたてる小さな音に狙いをつけ、ゲットするのです。

フ　フクロウは音をたてずに飛ぶ？

フクロウは翼《つばさ》をはばたかせて飛びますが、不思議なことに、ほとんど音をたてません。その秘密は翼にあります。

フクロウの羽《はね》はとても柔らかく、風切《かざき》り羽《ば》のまわりに綿毛《わたげ》が生《は》えています。この綿毛に、はばたくときに出る「バサッバサッ」という音を消す効果があり、音もなく飛ぶことができるのです。

フクロウの羽のメカニズムは、意外なところで利用されています。

以前、新幹線車両が走行するときの騒音が問題になりました。その騒音の原因のひとつが架線《かせん》から電気をとるためのパンタグラフの風切り音だとわかったとき、音をたてずに飛ぶフクロウの羽が研究されたのです。その結果、フクロウの羽にある

綿毛の役割をもつような形に設計されたパンタグラフが開発され、JR西日本の「500系」という新幹線車両で採用されました。それまでパンタグラフといえば「菱形《ひしがた》」や「くの字形」のものでしたが、500系では独得な形をしています。

イノシシは、急に曲がれないってホント？

「猪突猛進《ちょとつもうしん》」とは、イノシシのようにまっすぐに突き進む姿をあらわす言葉です。でも実際とは少し違っているようです。いったい彼らはどんな走り方をするのでしょうか。

イノシシはブタの仲間なので、動作もノロノロしているだろうなんて思うと大間違いです。ふだんはおとなしいイノシシですが、いざというときには、すばやく動きます。気が立っているときなどに出くわすと、相手が強敵でも果敢《かかん》に突進します。その様子から「猪突猛進」の言葉が生まれたのかもしれません。

四字熟語のとおり走り出したら曲がれない、と思っている人もいるかもしれませんが、そんなことはありません。イノシシはストップ&ダッシュが得意なので、走りながら突然方向を変えることすらできるのです。

肉食動物は野菜不足にならないの？

人間は健康のためにバランスのとれた食事が欠かせませんが、野生の肉食動物は獲物《えもの》の肉ばかり食べていて大丈夫なのでしょうか？

じつは、肉食動物も草を食べています。ただし、草を直接食べるのではなく、捕らえた草食動物の腸の中にある草を摂取しています。

草食動物の腸には、十分に消化された草が残っているので、効率よく「野菜」が食べられるというわけです。

ミツバチのスズメバチ撃退法は？

ハチどうしですが、スズメバチはミツバチの巣を襲《おそ》うことが知られています。つまり、ミツバチにとってスズメバチは天敵《てんてき》というべき存在です。では、襲われたミツバチはどうやってスズメバチを撃退するのでしょう。

スズメバチの最初の一匹がミツバチの巣に飛び込んできたとき、ミツバチたちはいっせいにスズメバチを取り囲んでしまいます。そしてギュウギュウに押し囲み、温度を上げて熱で死なせるといわれています。

ヘビは、なぜ大きなものを飲み込めるの？

ヘビは自分の頭よりも大きなタマゴを飲み込めます。タマゴばかりでなく、ネズミなどの小動物もまるごと飲み込みます。なぜ、そんなことができるのでしょうか。

ヘビは、ネズミや小鳥などの小動物のほかに、カエルやトカゲ、ミミズ、ムカデ、カタツムリ、ウナギなどを食べています。

ヘビが獲物《えもの》を食べるときは、まず獲物に噛《か》みついて、毒を注入したり、体を巻き付けて絞め殺します。捕らえた獲物が弱ってきた頃にいちど口を放し、体を移動させて、頭から飲み込み始める場合が多いようです。

ヘビの頭の骨は筋肉でつながっていて、強い筋肉を収縮させて、口を大きく開くことができます。下顎《したあご》の先は、じん帯という筋肉で結ばれていますが、くっついていません。左右に動かすことができるので、大きな獲物を捕らえたときは、顎の骨を左右に広げながら飲み込んでいきます。獲物がのどに達すると、今度はろっ骨も広げて、胃まで送り込んでいくのです。

血を吸わない蚊もいる!?

ブ～ンという羽音《はおと》を耳元で聞いただけで、イライラしてくるのが蚊《か》です。刺されるとはれてかゆくなるので、手でつぶしたり、蚊とり線香で追いやったり、殺虫剤をまいたり、虫よけスプレーで防いだり、いろいろなガード法があるようです。

ですが、飛んでいる蚊のすべてが血を吸うわけではありません。実はオスの蚊は皮膚《ひふ》を刺しません。人や動物から血液を吸うのはメスの蚊だけです。

蚊は、血を吸わなくても、砂糖水や果汁を吸わせておけば、何週間でも生きていけます。ではなぜメスの蚊は血を吸うのかといえば、産卵するために、血液が必要になるからです。タマゴをたくさん作るために、栄養たっぷりの血液を取り入れているというわけです。

メスの蚊は、人や動物が発散する炭酸ガスの臭《にお》いを嗅《か》ぎつけて近づき、針を皮膚に差し込んで血を吸います。吸い取った後、唾液《だえき》を少し皮膚に注射します。この唾液が、かゆくなる原因なのです。

渡り鳥は、なぜV字形になって飛ぶの？

ツバメ、ツグミ、マガモ、オオハクチョウ、チドリ……日本でもおなじみの渡り鳥たちです。

渡り鳥がV字形のような編隊《へんたい》を組んで飛ぶ姿をよく見かけますが、それには、ちゃんとした理由があります。

先頭の鳥のはばたきによって気流が生まれます。その気流に乗ると、後ろの鳥たちは楽に飛べます。そのとき、できる形がV字形というわけです。誰に教わることもなく、鳥たちが自然に身につけたすばらしい知恵というわけです。

ちなみに、先頭を飛んでいた鳥は、しばらくすると編隊の最後尾にまわり、別の鳥が先頭に立つそうです。

どうして渡り鳥は方角がわかるの？

季節によって、北から南へ、あるいは南から北へと移動する渡り鳥たちは、どうやって方角を知るのでしょうか？

一説には、渡り鳥は太陽や星の位置を見極める能力をもっているといわれています。日の出、日の入りはもちろん、星座の形や位置を認識して、自分たちの飛んで行くべき方向を知るというものです。

また、磁気を感知する能力を備えているという説もあります。体内に方位磁石《ほういじしゃく》をもっているというわけです。方向音痴《おんち》の人からすれば、うらやましい話かもしれません。

パンダは本当に竹が好物なの？

パンダといえば、どっかと座って竹や笹《ささ》をボリボリかじっている姿がおなじみですが、じつは、肉食の動物です。

では、どうしてパンダは竹を食べているのでしょうか。それは生活していた地域に竹や笹が生《お》い茂《しげ》っていたからです。身近なところに繁《しげ》っている竹を食べていれば餓死《がし》する心配がないので食べたというわけです。

ところが、ひとつ問題があります。肉食動物であるために、パンダの腸は竹を消化するのには向いていません。竹を食べても、その消化率は半分以下といわれています。

パンダが、まるで一日中、竹を食べているように見えるのは、好物だからではなく、生きるために必要だからなのです。

イルカは教えなくてもジャンプする？

水族館の人気者といえば、イルカを思い浮かべる人が多いでしょう。飼育係の合図でジャンプしたり、空中に設置された輪をくぐったり、ボールを頭の上にじょうずに乗せたりして、観客を喜ばせます。

水族館のショーは訓練によってイルカに覚えさせるものですが、飼育係が教えなくても、イルカにはジャンプをする性質があるようです。

漁船が走行してできた波を見つけたイルカが、まるでその波とたわむれるようにして、漁船の前後をジャンプしながら泳ぐ姿が、よく目撃されています。

なぜ、波と遊ぶようにジャンプするのか、それが本能なのかといったことについては、いまのところ研究中です。

サケは、どうして生まれた川に戻ってこられるの？

サケは川で生まれてから広い海洋に出て、数千キロも回遊《かいゆう》します。そして産卵の時期になると、生まれた川に戻ってくるという不思議な能力をもっています。

サケが生まれた川のニオイを記憶しているという説もありますが、川の水の成分組成や濃度を感知しているという説もあります。

ある調査によれば、川の水に含まれるアミノ酸は、それぞれの川によって違うそうです。サケは、川の水の微妙な違いを感じて、自分の生まれた川に戻ることができるというのです。

サケだけではなく、ウナギやウミガメにも、生まれ故郷に帰る能力が備わってい

るとされています。

泳ぐのが苦手な魚もいる？

すべてのサカナが泳ぎを得意としているわけではありません。

スイスイ泳げるサカナを遊泳魚《ゆうえいぎょ》と呼ぶのに対して、泳ぐことが苦手なサカナを底生魚《ていせいぎょ》と呼びます。

たとえば、カレイやハゼ、アンコウといったサカナたちは、泳げないわけではありませんが、泳ぐのは不得意です。そのため、こうしたサカナたちは、海の底でじっと暮らしています。

たとえば、チョウチンアンコウは泳いでエサをとるのではありません。まるでチョウチンのような、背びれから変化した突起《とっき》が口のそばにあり、その突起をエサと勘違いして寄ってきた生物をパクッと食べてしまいます。

カタツムリとナメクジはどう違う？

カタツムリとナメクジは、誰でも知っていますね。生物学的には、ナメクジはカタツムリの背中の殻《から》が退化してなくなったものと考えられています。

カタツムリの殻は体の一部。体が成長すれば、それにつれて殻も大きくなっていきます。殻が壊《こわ》れてしまったときは、体を守っている膜《まく》から、殻の成分が分泌《ぶんぴつ》されて、新しい殻ができます。

カタツムリは、この殻で、乾燥から身を守っています。空気が乾燥しているときは殻のなかに閉じこもり、薄い膜の蓋《ふた》をして、水分の蒸発《じょうはつ》を防いでいるのです。

しかし、ナメクジには殻がないので、いつも湿気の多いジメジメした場所にいなければならないのです。

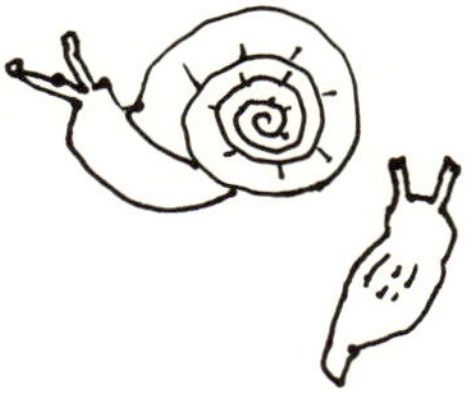

第２章　【植物編】

「モモ、クリ三年、カキ八年」はホント？

光合成って何？

植物は、肉食動物のように獲物《えもの》をつかまえたり、草食動物のように草をみつけて食べたりすることができません。しかし、生きている以上、栄養をとらなければ枯《か》れてしまいます。

そこで植物は、光合成《こうごうせい》という方法で、内部で栄養をつくりだしています。

光合成とは、空気中から取り入れた二酸化炭素、根から吸い上げた水、そして太陽の光を使って、植物の栄養素であるデンプンをつくりだし、酸素を出すしくみです。また、このとき不要になった水分は、葉から蒸発《じょうはつ》していきます。

植物の光合成によって地球上に酸素が供給され、人間も動物も生きていられるのです。

植物の葉は、なぜ緑色なの？

植物は、先にも述べたとおり、光合成という活動をしています。簡単にいえば、二酸化炭素と水と光から栄養素と酸素をつくりだすというものです。

光合成のために何種類もの酵素《こうそ》がはたらいていますが、もっとも重要なのが葉緑素《ようりょくそ》です。光合成の舞台は葉で、主役は葉緑素と考えれば、葉緑素がどんなに重要な役割をはたしているかを想像してもらえるでしょう。

もっとも、主役といっても、たった一人で活躍するわけではありません。小さな小さな葉緑素が葉っぱのなかに、ぎっしりとつまっています。葉緑素が緑色をしているので、葉っぱが緑色に見えるわけです。

冬になると、どうして木の葉が散るの？

植物の光合成には、二酸化炭素と水と太陽の光が必要です。

春から秋にかけては、太陽の光をあびて活発に光合成が行なわれます。しかし、秋から冬にかけては日射《ひざ》しが弱まり、それにともなって、光合成の活動も弱まります。そのため、光合成をしていた葉は、その役割を終えて散っていくというわけです。

また、葉からは水分も蒸発《じょうはつ》していくので、植物にとって大切な水分をキープするためにも、葉を落としてしまったほうがいいというわけです。

桜 前線の基準とされているサクラは？

春になると桜が美しい花を咲かせて、人々の目を楽しませてくれます。桜の花を見ながら散歩したり、桜の木の下で宴会をしたり、日本人にとって、花見は春の楽しみになっています。

桜の開化は基本的に、南から北に向かって移動していきます。この動きを「桜前線《さくらぜんせん》」と呼んでいます。

桜には、ヤマザクラ、オオシマザクラ、エドヒガン、サトザクラ、シダレザクラなど多くの種類がありますが、桜前線で基準にされているのは、日本全国にあって、しかも、もっとも数が多いソメイヨシノという品種が基本です。

ところで、桜は、植物の分類でいうと「バラ科」に属しています。意外に思う人もいるかもしれませんね。

日本一、長生きの杉は？

江戸時代の街道《かいどう》にも植えられ、杉並木《すぎなみき》として親しまれた杉は、樹齢《じゅれい》が３００年にもなるともいわれるくらい長生きの樹木として知られています。

３００年でも人間にくらべれば長寿ですが、なんと樹齢１０００年以上という杉がある島があります。

鹿児島県の南の屋久島《やくしま》には、縄文杉と呼ばれる樹齢１０００年以上の杉があります。なかには樹齢７０００年以上という驚くべき杉まであります。温暖な気候と、きれいな空気、そして豊かな水に恵まれていたことが長生きの理由と考えられています。

屋久島は、世界遺産に登録された島で、人気映画『もののけ姫』の舞台になった場所としても知られています。

「ノビル」という名の植物があるってホント？

植物は、その成長とともに「のびる」ものですが、まさに、その名のとおり「ノビル」という花があることを知っていますか？

6月から7月ごろにかけて、薄い紫《むらさき》色の花を咲かせる「ノビル」は、ユリ科の多年草《たねんそう》で、高さは40センチから60センチくらいです。

ノビルは、ネギやニンニクのような香りがします。ネギやニンニクが「蒜《ひる》」と呼ばれることから、この花の名前が「野の蒜」で「ノビル」になったといわれています。「ノビル」は、漢字で「野蒜」と書きます。

「スズメノテッポウ」って、どんなテッポウ？

春の水田によく見られる「スズメノテッポウ」という変わった名前の植物があります。背の高さは10センチから30センチ程度なので、あまり目立たないかもしれません。イネ科の植物で、穂《ほ》の形が、筒先《つつさき》の長い昔の鉄砲に似ているので、「テッポウ」の名がつけられたといわれています。漢字で書くと「雀の鉄砲」です。

ちなみに、〝スズメのナントカ〟という名前は、小さいものを指します。たとえば、スズメノヤリ（雀の槍）、スズメノエンドウ（雀の豌豆）、スズメウリ（雀瓜）などがあります。どれも可愛い名前ですね。

サボテンは、なぜ砂漠でも生育できるの？

カラカラに乾燥した砂漠《さばく》のような土地でも、サボテンはたくましく生きています。サボテンも植物ですから、生きていくためには水が必要です。では、どうやって水分を補給しているのでしょうか？

サボテンには、水をたくさん蓄《たくわ》える機能が備わっています。

砂漠といっても、まったく雨が降らないわけではないので、雨が降ったときに水分を自分の体に蓄《たくわ》えておいて、雨が降らないときには、その水分を少しずつ使って生きているのです。

人間はいざというときのために貯金《ちょきん》をしますが、サボテンは自分の体に貯水しているというわけです。

根がなくても、切り花が枯れないのはどうして？

植物が根から水分を吸収していることは、知っているでしょう。ですが、一輪挿《いちりんざ》しの花や生《い》け花の花には根がないのに、すぐに枯《か》れてしまうことはありません。どうやって水分を補給しているのでしょうか。

じつは、茎《くき》の中にある道管《どうかん》という組織が、水を運ぶパイプの役目をはたしています。道管はとても細かい組織になっていて、毛細管《もうさいかん》現象によって水を吸い上げてくれるのです。毛細管現象というのは、簡単にいえば細かい組織の間に水が入りこんで染みわたるようなものです。たとえば、タオルの片隅だけしか水で濡れていなくても、しばらくたつと濡れている範囲が広がっていきますね。これが毛細管現象です。

根があるときは水の通り道になる道管ですが、根がないときには、根のピンチヒッターになってくれるというわけです。

植物は一日中、酸素をつくっているの？

植物は光合成《こうごうせい》によって酸素と養分をつくりだしていることは先述したとおりですが、一日中酸素をつくっているわけではありません。光合成には、二酸化炭素と水、そして日光が必要です。つまり、太陽が沈んでしまうと光合成はできません。

植物も生物ですから呼吸をします。夜になると、酸素を吸って二酸化炭素を吐き出すという、人間や動物と同じような「呼吸」をしているのです。

では、昼間の植物は呼吸をしないで光合成だけをしているのかというと、そうではありません。昼間も植物は呼吸しています。

しかし、呼吸で使われる酸素の量のほうが、光合成でつくられる酸素の量よりも少ないために、「植物は光合成によって酸素をつくっている」といわれているわけなのです。

ヒマワリは必ず太陽のほうを向く？

漢字で書くと「向日葵」、英語では「サンフラワー」。ヒマワリは洋の東西を問わず、太陽とかかわりのある花といえるでしょう。

たしかに、太陽のように見える大輪の花は、夏の象徴のような輝きを感じさせます。ヒマワリは、みごとな大きな花に見えますが、じつは小さな花がいくつも集まってできたものなのです。

ところで、ヒマワリには太陽の昇ってくる東のほうを向いて成長するという性質があります。では、のびてきたヒマワリを反対向きに植えかえたら、どうなるのでしょうか。

答えは「開花の時期の前なら元の向きに戻るが、開花したあとでは元に戻れない」です。ヒマワリが成長を続けているあいだに東向きになるのは、茎《くき》が成長して向きを調整しているためです。しかし、花が咲く時期になると成長が止まってしまい、向きを変えられなくなってしまうのです。

植物が含む水分は、なぜ凍らない？

気温が氷点下《ひょうてんか》になるような寒冷地でも、エゾマツやトドマツなどの針葉樹《しんようじゅ》が、たくましく生きています。しかし、樹木や葉の内部には水分があるはずです。その水が凍《こお》ってしまうことはないのでしょうか？

まず、「水が凍る」ということを科学的にいうと、「温度が下がって、水の分子と分子とがくっついてしまうこと」です。つまり、分子と分子がくっつかなければ凍ることはありません。

エゾマツやトドマツのような針葉樹の葉には、約40パーセントの水分が含まれていますが、植物の組織には細胞壁《さいぼうへき》という壁《かべ》があって、水の分子と分子とがくっつかないようになっています。それで水分が凍ることなく、寒冷地でも生きていられるのです。

南国の植物にも、もちろん細胞壁はありますが、たとえば葉の内部に水分を80パーセントも含むようなゴムの場合、寒冷地にもっていくと、水分が凍って枯れてしまうといわれています。

夜に咲く花もある？

一般的に、花は太陽の下で咲くものですが、なかには夜になると咲く花もあります。日本では6月から11月ごろ、夜に開く月下美人《げっかびじん》という花があります。植物の分類でいうと、サボテン科クジャクサボテン属の花で、原産地はメキシコの熱帯雨林です。

月下美人が夜になると花を咲かせるようになったのは、コウモリと関係があります。たいていの花が日中に咲くのは、昼間、活動している鳥や虫の力を借りてオシベとメシべの受粉《じゅふん》をするためです。ところが、月下美人はコウモリに受粉されるといわれています。つまり、コウモリの生活に合わせて花を咲かせているわけです。

美人とコウモリとの組み合わせとは、まるでホラー映画のようですね。

オジギソウは、なぜおじぎするの？

オジギソウの葉にさわると、まるで頭を下げておじぎをしているような動きをみせます。

もちろん、おじぎをしているわけではなく、外部からの刺激を受けると、葉の水分が根元から先端のほうに移動するために、おじぎをしているように見えるのです。

原産地はブラジルといわれていますが、解明されていないことも多く、たとえば植物の分類にしても、マメ科とする説やネムノキ科とする説があります。

それでも、ユーモラスな動きはとても人気があり、多くの人々から愛されている植物です。

花束を持ち歩くときに、花を下に向ける理由は?

お祝いやプレゼント用の花束《はなたば》を用意して、届け先まで持ち歩こうというときは、花を下に向けておくのが賢《かしこ》い方法です。

ひとつには、花の先を不用意にぶつけないためですが、じつは、もうひとつ科学的な理由があります。エチレンという物質の放出を抑《おさ》えるためです。

花だけでなく、果物《くだもの》などからも放出されるエチレンは、成熟ホルモンと呼ばれるもので、鮮度を落とすはたらきがあります。そこで、花を下向きにすると、花や葉、

あるいは茎《くき》の水分が花の先端のほうに行き、エチレンの放出を抑えてくれるのです。

ブドウの房は、上と下ではどっちが甘い?

ブドウの房《ふさ》を上の半分と下の半分にして、2人で分けて食べるとしたら、どちらを選びますか?

同じ房なら、どっちでも味は同じだと思ったら、それは間違い。甘いブドウを選びたいなら、上のほうをとってください。じつは、ひとつの房でも、ブドウは上のほう、つまり枝に近いほうから甘くなってくる性質があります。

分けて食べる相手が、とても仲のいい人や好きな人だったりして、相手に甘いブドウを食べさせてあげたいのなら、自分は下のほうを選べばいいわけです。

ヘビイチゴの名前の由来は?

日本各地の野原に生えているヘビイチゴは、毒イチゴと呼ばれることもありますが、じつは毒はありません。食べてもおいしくないので、ヘビのように敬遠《けいえん》されるため、その名がつけられたといわれています。

ヘビイチゴという名前の由来については、ほかにも説があります。たとえば、実際にヘビが食べるからヘビイチゴという名前になったという説や、小さな動物が食べにくるところをヘビが待ちかまえているからヘビイチゴになったという説などです。

ちなみに、ヘビイチゴは、ショートケーキの上にのっているイチゴと同じバラ科の多年《たねん》草《そう》の植物です。

アジサイの花の色が変化するわけは？

梅雨《つゆ》の時期に、あざやかな花を咲かせるのがアジサイ（紫陽花）。咲き始めは緑がかった黄色をしています。やがて赤く色づき、青い色になり、さらに紫《むらさき》色へと変化して、私たちの目を楽しませてくれます。

アジサイの色の変化は、花の成長によるものです。開花して間もないころは、葉《よう》

緑素《りょくそ》のはたらきが強くて緑がかった黄色い花になります。しばらくすると、葉緑素が分解されるとともに、成長によってアジサイの色素であるアントシアニンが合成され赤い色に変わっていきます。

その後、青い色に変化するのは、根から吸収される地中のアルミニウムが作用するためと考えられています。最後に紫色になるのは、アジサイの花の細胞の老化で起こる現象といわれています。

アサガオは、なぜ朝しか咲かないの？

子どものころ、夏休みの宿題にアサガオの観察日記が出された人もいるでしょう。早起きしたときは咲いているのを見ることができたのに、ちょっと寝坊すると、しぼんでしまっていたのではありませんか。

アサガオは、その名のとおり、とても早起きの花で、夜明けとともに咲きます。ところが、日が昇るにつれて、あっという間に閉じてしまいます。

アサガオの花はとてもやわらかく、暑さに弱いので、朝の涼《すず》しいうちだけ咲くのです。

夕方にアサガオを咲かせることはできるの？

アサガオは夏の夜明けに咲くため、明るくなるから咲くと思われがちです。ところが、「アサガオは暗闇《くらやみ》があるから咲く」という、目からウロコが落ちるような説があります。

夏は、夜7時頃に日没になります。それから8時間ほどたった午前3時ごろにアサガオは開花します。夏といっても、午前3時ごろといえば、まだ夜明け前です。つまり、アサガオは明るくなったから咲くのではなく、暗くなってから、およそ8時間後に咲くということです。

ということは、アサガオに光を当てることで夜と昼とを逆転させられるかもしれません。たとえば、朝の8時ごろにアサガオに暗い幕《まく》をかぶせてしまえば、夕方の4時頃に花が咲くはずです。一度、実験してみてはどうでしょうか。

トウモロコシには、なぜヒゲがあるの？

焼いても蒸《む》してても甘くておいしいトウモロコシ。おやつにはもちろん、ラーメンやサラダのトッピング、ビールのつまみのバターコーンにもなります。

ところで、皮のついたトウモロコシの先には、ヒゲのようなものがあります。あのヒゲが何か知っていますか？

これはメシベが変化したものです。ヒゲのような状態になっていることで、オシベからの花粉《かふん》をキャッチしやすくなっているのです。

受粉《じゅふん》すると、メシベの下のほうにある部分がふくらんで一粒《つぶ》の実になります。つまり、ヒゲの数だけ実がなるというわけですね。

世界最大と最小の花の大きさは？

動物には、大きなゾウもいれば、小さなアリもいるように、植物にも、小さくて可憐《かれん》な花を咲かせるものもあれば、大きな花をつけるものもあります。

大きな花の代表といえば、ラフレシアでしょう。東南アジアの熱帯林の植物で、大きいものでは花の直径が90センチにもなります。ラフレシアは、ほかの植物の根などに寄生《きせい》して生きているので、茎《くき》や葉のない不思議な植物で、寄生植物と呼ばれています。

一方、もっとも小さい花といわれているのがミジンコウキクサという植物です。全体の大きさがわずか1ミリしかなく、花の大きさは0・1ミリといわれています。日本にも生息しますが、これだけ小さいと、専門家でなければ見つけるのはむずかしいかもしれません。

コスモスを冬に咲かせる方法は？

花の咲く時期は、植物によってさまざまです。気温の変化で開花時期を知る植物もあれば、日照時間の変化によって開花するものもあります。

「秋桜《あきざくら》」とも呼ばれるコスモスは、日照時間によって開花時期が決まる植物の代表といえるでしょう。

日本で日照時間がもっとも長いのは6月下旬の夏至《げし》です。その日を境《さかい》に日が短くなっていきます。秋に咲くコスモスは、それを感じ取って花を咲かせるのです。コスモスのように、日が短くなると咲く花は、短日《たんじつ》植物と呼ばれています。

この性質を利用して、照明器具を備えた屋内で栽培し、日照時間を調整すれば、コスモスを冬に咲かせることもできるというわけですね。

ちなみに、12月の冬至《とうじ》を境にして、日照時間は長くなっていきます。これを感じて花を咲かせる植物は、長日《ちょうじつ》植物と呼ばれています。

寒い北海道でもカキが育つ？

富有柿《ふゆうがき》、次郎柿などの品種があるカキは、秋の味覚の代表でしょう。日本でカキの収穫量のベスト3をあげると、和歌山県、奈良県、福岡県になります。どこも、温暖な気候に恵まれているところです。

カキは寒さに弱い植物とされていました。かつては北限は山形県といわれたり、青森県とされたりして、北海道では育たないといわれてきました。

ところが、品種改良や温暖化などの影響もあってか、現在では北海道でもカキが栽培《さいばい》されています。

近年では、北海道南部の伊達《だて》市が北限といわれています。

クリには、なぜイガがあるの？

モモやリンゴやカキのように、木になる果物《くだもの》には種《たね》がありますね。でも、ふだん食べているクリには種がありません。ところが、調べてみるとクリにも種があるのです。じつは、実だと思って食べている部分が種だったのです。

モモもリンゴもカキも、種のまわりに実があります。人間は、その部分をおいしいといいながら食べます。しかし、植物にとって実というのは、大切な種を守る役割を果たしているのです。

一方のクリには、種を守る実の部分がありません。そのためにイガで種を守っているというわけです。

「ヤナギに雪折れなし」の秘密は？

石川県金沢市の兼六園《けんろくえん》では、冬になると、園内にある木の枝を縄《なわ》で保護する積雪対策をします。これは、木の枝に積もった雪の重みで枝が折れてしまうのを防ぐもので、「雪吊《ゆきづり》」と呼ばれ、冬の風物詩になっています。

その一方で「ヤナギに雪折れなし」という言葉があります。

街路樹《がいろじゅ》や川べりなどで見かけるヤナギの枝は、とてもしなやかなので、雪が積もっても、その重みに逆らわず、枝をしなわせています。そして、ある程度までしなると、反動で元に戻ります。そのときに、バサッと雪を落としてしまう強さももっています。

ドクダミは、その名のとおり毒なの？

初夏のころに花を咲かせるドクダミは、日当たりのよくない場所で、独特のニオイをはなっているのが特徴です。

4枚の白い花びらのように見えるものは、じつは花ではなく、つぼみを包んでいた葉で、ほんとうの花は、真ん中にある筒状《つつ》のものです。

ドクダミというと「毒」を思い浮かべるかもしれませんが、古くから薬草として利用されてきた植物です。「毒」や「痛み」を消してくれることから「ドクダミ」と名づけられたといわれています。

レンコンには、どうして穴があいているの?

天ぷらにしても煮物《にもの》にしてもおいしいレンコンは、泥《どろ》や水のなかで育ちます。もちろん植物ですから、生きていくために空気が必要です。レンコンの穴は植物全体に空気を送ったり、水の中で空気をためておいたりするパイプの役目をはたしているのです。

ちなみに、よく見ると、中央にひとつ穴があって、それを取り囲むように8つの穴が並んでいて、全部で9つの穴があいているのがわかります。

なお、レンコンが正月のおせち料理に使われるのは、穴があいていることから「将来を見通すことができる」という縁起《えんぎ》からです。

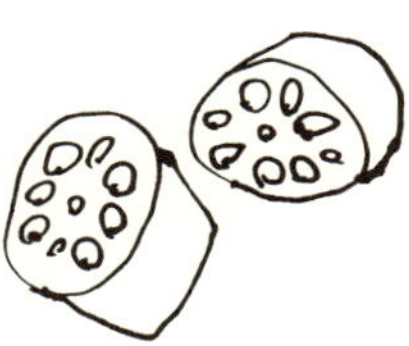

「モモ、クリ三年、カキ八年」はホント？

苗木《なえき》を植えてから、実がなるまでの年数をあらわした言葉が「モモ、クリ三年、カキ八年」です。人間でいえば、生まれた赤ちゃんが成長して大人になり、子どもを産めるようになるまでの期間です。

たしかに、モモもクリも、成長して実をつけるまで3年程度かかるといわれています。また、カキにしても8年程度が目安となっているようで、昔の人の言ったことは科学的にも正しかったわけです。

ちなみに、この言葉は、地方によっても違いますが、たとえば「ユズは9年で成り下がる、ナシのばかめが18年」と続くものがあります。

その言葉のとおりで、ユズもナシも成長の遅い植物です。そのため、栽培《さいばい》される場合には接《つ》ぎ木《き》という方法がとられています。そのおかげで、現在では、9年あるいは18年もかからずに実がなります。

イチゴの表面にあるツブツブは種？

大人にも子どもにも人気のあるイチゴの表面には、ゴマのような白いツブツブがありますが、それをイチゴの種《たね》だと思っていませんか。

じつは、あのツブツブはイチゴの実なのです。ふだん、私たちが実だと思って食べているのは、花托《かたく》といって、イチゴの花を支える部分がふくらんだものです。

イチゴの種は、あのツブツブのなかにあります。ですから、あの「ツブツブが種」だというのは、「半分は正解」ですが、「半分は間違い」といったところです。

食虫植物のワナのしくみは？

食虫植物が虫を捕《と》らえるしくみはいろいろ。モウセンゴケ、ムシトリスミレは粘《ねん》着性《ちゃくせい》の液を出して虫を捕らえます。ハエトリソウ、タヌキモなどは、虫が止まると葉が閉じて、虫を閉じ込めてしまいます。葉にはトゲがあるものが多く、虫はも

う身動きができません。やがて、葉面から消化酵素《こうそ》を含む液が分泌《ぶんぴつ》され、虫はみるみる溶かされてしまうのです。

また、袋《ふくろ》状になっていて、入り口で虫をおびき寄せる蜜《みつ》を分泌し、虫が袋に落ちると、袋の中で消化酵素入りの液を分泌して溶かしてしまうという、ウツボカズラのような落とし穴方式もあります。

なぜ木には年輪があるの?

どんな大木も、そのほとんどの部分は死んでいます。生きているのは、樹皮の下のわずかな部分だけ。よく、中心部が腐《くさ》って中空《ちゅうくう》になっても生きている木がありますが、それはその部分が最初から死んでいるのです。

生きている部分は、日々成長を続けています。春から秋まではさかんに成長し、冬にはごくわずかしか成長しません。そして、成長がよかった部分が白くなり、悪かった部分は黒色になります。これが年輪《ねんりん》のできるしくみです。ですから、4～6年ほどで高さ20メートルに成長する熱帯地方特有の樹木バルサは、気候の変化が少ないため、ほとんど年輪がありません。

ちなみに、木の年輪は毎年、外側に増えていくのでしょうか、それとも内側に増えていくのでしょうか。答えはもちろん、外側。樹皮の下の部分が生きているということを知っていれば、答えは簡単ですね。

第３章 【人体・健康編】

フィギュアスケートの選手はなぜ目が回らないの？

歳をとると白髪になるわけは？

人間の体は60兆個というたいへんな数の細胞《さいぼう》で成り立っていると考えられています。その細胞のひとつひとつが、体をかたちづくり、さまざまな機能をはたして、生命活動をおこなっています。

髪の毛も、細胞でできています。そして、髪の色を黒くするメラニンをつくりだす細胞もあります。この細胞を色素細胞と呼びます。

たとえば、髪の毛をつくる細胞がはたらいても、色素細胞がうまく機能しないと髪の毛は白いままで生《は》えてきます。これが白髪《しらが》です。髪の毛だけでなく、ヒゲや眉毛《まゆげ》が白くなるのも同じメカニズムです。

この色素細胞は、通常は30代から40代以降、加齢《かれい》とともにその機能が低くなっていきます。だから人間は、歳をとると髪の毛やヒゲ、眉毛などの体毛が白くなっていくというわけです。

花粉症になる人とならない人がいるのはなぜ?

春先になると、目がかゆかったり、くしゃみがとまらなかったりする花粉症《かふんしょう》で、つらい思いをしている人は少なくありません。一説には、日本人の2000万人が花粉症ともいわれています。花粉症は、アレルギー症状の一種です。

人間の体には、ウイルスや細菌《さいきん》などの異物が体内に入ってくると抗体《こうたい》が反応して、その異物を体に害のないものにしてしまう「免疫《めんえき》」というしくみがあります。もちろん、人間の健康にとっては大切なしくみです。

抗体のひとつに、免疫グロブリンEというものがあります。この抗体は、ウイルスでも細菌でもない花粉を異物と判断して、反応してしまう場合があります。そして、反応の起きた人が花粉症になってしまうというわけです。

代表的な花粉はスギ花粉ですが、ヒノキやブタクサなどの花粉に反応する花粉症の人もいます。目薬や点鼻薬《てんびやく》のほか、マスクをかけたり、花粉防止メガネをかけたりするなど、対策はたいへんなようです。

くしゃみは、どうして出るの？

鼻の粘膜《ねんまく》がいつも湿《しめ》った状態になっているのは、呼吸しているときにホコリなどを吸いつけて、体に入ることを防ぐためです。粘膜は、鼻腺《びせん》という器官から鼻水が出ているので湿った状態になっています。

とても敏感な鼻の粘膜は、異物などのわずかな刺激にも反応します。刺激を受けて、異物を外に出そうとする反応が「くしゃみ」です。

くしゃみによって、異物は5メートルも飛ばされるといわれています。しかも、そのスピードは時速160キロにも達するといわれます。新幹線にはかないませんが、在来線の特急列車よりも速いということです。

風邪をひくと、なぜくしゃみが止まらないの？

風邪《かぜ》をひくと、だらだらと鼻水が出たり、くしゃみが止まらなかったりすることがあります。どちらも、風邪を早く治そうとする体のはたらきです。

鼻水が出るのは、いつもは適度に鼻のなかを湿らせるはたらきをする鼻腺《びせん》が、風邪のウイルスなどによって炎症《えんしょう》を起こし、ふだんよりも活発になってしまうためです。くしゃみも、風邪のウイルスや細菌《さいきん》などを体の外に追い出そうとして、何度も何度も出てしまうというわけです。

もちろん、風邪が治れば、いつもどおりに戻ります。戻らなければ、何か別のアレルギーなどの可能性がありますから、診察を受けたほうがいいかもしれません。

声は、どうして出るの？

人間のノドには声帯《せいたい》という器官があります。声帯は、左右一対になっていて、その隙間《すきま》を肺から空気が通ることで振動して「声のもと」が出るしくみになっています。声のもとは、口のなかや鼻のなかで響いて「声」になります。

子どもの遊びで、セロハンやビニールの両端を持ち、その真ん中あたりに口を当て、息を吹きかけたり、声を出したりすると、セロハンやビニールがブルブル振る

える……というものがありますが、そのブルブルが、まさに声帯のしくみです。

その声のもとが口や鼻のなかにある空間によって響くと、「あ」とか「い」など、さまざまな声になるのです。

声の大きさは肺からの空気の圧力、声の高低は声帯の太さや長さによって変わります。もちろん、そんなことをいちいち考えなくても声は出ます。話をしたり、歌を歌ったりできるのは、脳から「声を出す」という指令が出ているためです。

しゃっくりは、どうすれば止まる？

しゃっくりが出ると、「水を三回ゴクゴクゴクと飲むといい」などといわれますが、効果はあるのでしょうか？

医学的にいえば、しゃっくりは横隔膜《おうかくまく》の痙攣《けいれん》になります。その原因のひとつとされているのは、呼吸のリズムの乱れです。何かの拍子《ひょうし》に呼吸のリズムが狂うと、しゃっくりが出ると考えられているのです。

この乱れを整えるためには、深呼吸をするといいそうです。水をゴクゴク飲むのは、直接の効果があるわけではありませんが、水を飲むと精神的に落ち着くので、呼吸が整うのかもしれません。

女の人が男の人より声が高いわけは？

女性の声は、一般的に男性の声よりも高くなっています。これは、たいていの場合、女性が男性よりも声帯《せいたい》が短く、また、声をつくりだすための口や鼻などの空間が狭《せま》いためです。

ピッコロとフルートという木管楽器《もっかんがっき》があります。かたちはそっくりですが、フルートの半分程度の大きさのピッコロは、フルートよりも1オクターブ高い音域が出ます。また、弦《げん》楽器でも、バイオリンとそっくりなかたちですが、ひとまわり大きいヴィオラは、バイオリンよりも半オクターブほど低い音域になっています。さらにコントラバスとなると、かたちは似ていますが、音域が大きく異なります。

女性がピッコロやバイオリンとすれば、男性はフルートやヴィオラと考えれば、わかりやすいでしょう。

あくびは、どうして出るの？

眠いときやヒマなときに、ついつい出てしまうのがあくびです。しかし、じつは退屈《たいくつ》しているからではなく、「シャキッとしようとするからあくびが出る」といったらビックリするでしょうか。

あくびの出る原因は、脳の酸素が不足するからです。

考えごとをしたり集中したりするためには、脳はたくさんの酸素を必要とします。つまり、あくびをすることよって、より多くの酸素を取り入れ、それを脳に運ぼうとしているのです。いってみれば、脳の「深呼吸」があくびになってあらわれているというわけなのです。

ただし、酸素不足になる原因には睡眠不足も考えられます。ふだんから脳に酸素が十分にいくようにするには、早寝早起きの習慣が欠かせません。

どうして、あくびはうつるの？

教室や会議室で誰かがあくびをすると、ほかの人もあくびをしています。また、電車のなかで一人があくびをすると、知り合いでもなんでもない人が続いてあくびをしたりする光景を目にすることがあります。

いわゆる「あくびは人から人へうつる」というものですが、本当にあくびはうつるのでしょうか？

結論からいえば、あくびはうつりません。

では、なぜ、まるであくびがうつったようになるかというと、その空間全体が酸素不足になっているためです。極端にいえば、その部屋や車両にいる人たちのすべてがあくびをしてもおかしくない状態にいるのです。

もちろん、前述のように睡眠不足が原因とも考えられますが、こういうときは窓を開けて、空気の入れ替えをするにかぎります。

かき氷を食べると頭がキーンとするのはなぜ？

かき氷を食べると、口のなかが冷たくなります。しかし、冷たいという感覚は、口ではなく脳で感じています。脳は頭蓋骨《ずがいこつ》のなかにありますが、全身に張りめぐらされた神経で伝達され、外からの刺激を感じているのです。

そして、脳の冷たさを感じる部分の近くには、痛みを感じる部分があります。かき氷を食べると脳に「冷たい」という情報が伝わりますが、それがあまりに突然だと、痛みを感じる神経まで刺激してしまい、「頭が痛い」と感じてしまうのです。

かき氷を食べても頭が痛くならないようにしたいなら、あわてずに、ゆっくりと食べることをおすすめします。

寒いと鳥肌が立つのはなぜ？

寒いところにいると、鳥肌《とりはだ》が立つことがあります。鳥肌が立ったときの皮膚《ひふ》の様子が、羽《はね》をむしった鳥の皮膚のように見えるので鳥肌と呼ばれています。

ふだん外気と接している人間の肌は、すべすべしています。ところが、寒いところにいると、人間の体は自動的に皮膚の血管を収縮させて、体温が奪われるのを防ごうとします。その結果、皮膚にブツブツが出るようになり、鳥肌が立つというわけです。

しかし、鳥肌は立てようと思っても立てることができませんから、体の不思議のひとつといえるでしょう。

なぜ、トンネルに入ると耳がツーンとするの？

鉄道の旅でトンネルに入ったときや、飛行機に乗ったときに、耳がツーンとして周囲の音がよく聞こえなかったり、自分の声がいつもとは違って聞こえたりした経験があるでしょう。これは気圧の変化に耳の鼓膜《こまく》がついていけずに起こる現象です。

鼓膜は音を聴くための器官で、ふだんの生活では鼓膜の内側と外側との気圧のバランスがとれています。

ところが、列車がトンネルに入ったときや、飛行機が上昇して気圧が急激に変化

すると、鼓膜の内側と外側との気圧のバランスがくずれて、ツーンとなってしまうのです。
しばらくすれば治りますが、つばを飲み込んだり、水を飲んだりすれば、簡単に治すことができます。

なぜ、寒いときに体がブルッとするの？

体の筋肉は、運動すると熱が発生するようになっています。たとえばマラソンの選手が競技中、体の水分を補給するために水を飲むとともに、走りながら自分の足に水をかけているシーンを見かけることがあります。42・195キロという長い距離を走るのですから、足の筋肉を冷やそうとするのももっともです。

寒いときに体がブルッとするのは、マラソン選手とは正反対の状態といえるでしょう。つまり、筋肉の熱を冷ますのではなく、体の筋肉をブルッと動かして熱エネルギーを起こそうとするものだからです。

この「ブルッ」も鳥肌と同じで、自分で動かそうとしてもできるものではありません。それにしても、人間の体では不思議なことがたくさん起きているものです。

風邪とインフルエンザは、どう違うの?

風邪《かぜ》もインフルエンザも、ウイルスによって起こるという点では共通しています。また、それぞれの症状も似ています。しかし、風邪とインフルエンザは、まったく違うものです。

風邪は一年中、ひく可能性があります。ひいたときには頭痛がしたり、発熱したりすることもありますが、熱はじょじょに上がる場合が多いのです。また、くしゃみや鼻水も出ますが、咳《せき》がひんぱんに出るなど、呼吸器系に症状があらわれます。そして症状自体は軽いものです。風邪はもちろんうつりますが、その感染力は比較的弱いものです。

ところが、インフルエンザの場合は、風邪の症状に加えて、急に高熱が出たり、全身をだるさが襲《おそ》ったりなど、あっという間に重症になります。しかも、感染力が強いために、周囲の人にうつりやすいのです。

抵抗力の弱い小さな子どもや年配の人、糖尿病の人などは、肺炎を引き起こす危険もあります。冬の乾燥した時期に流行するインフルエンザには、気をつけなければいけません。

インフルエンザが冬に流行するのはなぜ？

日本では、冬になるとインフルエンザが流行します。インフルエンザウイルスは、寒くて乾燥した場所で活発に活動するため、気温が低く、雨や雪が少なくて空気が乾いている関東地方などは、まさにインフルエンザウイルスが猛威《もうい》をふるう舞台といえるでしょう。

インフルエンザのウイルスを大きく分けると、A型、B型、C型の3種類です。このうちで、世界的な大流行になるケースがあるのはA型です。

インフルエンザに一度かかると、体に免疫《めんえき》ができて、二度とかからないとされてきました。ところが、A型のインフルエンザウイルスは、かたちを変えて新しいインフルエンザウイルスとなるので、また感染してしまうのです。

このA型ウイルスがトリやブタに感染して、鳥インフルエンザや豚インフルエンザとなり、世界中で流行したのは記憶に新しいところです。

インフルエンザのウイルスは、とても小さいために、ふつうのマスクの目は通り抜けてしまうといわれています。予防には、手洗いとうがいが効果的です。

オナラはどうしてくさいの？

オナラをすると「くっせ～！」「オナラするなよ！」などと文句を言われてしまいます。けれど、我慢《がまん》しようと思っても「プッ」と出てしまうものです。また、音は出なくてもにおいで周りの人に気づかれたりするでしょう。

でも、どうしてオナラはくさいのでしょうか？

私たちのお腹のなかには「バクテリア」という名前の小さな生き物がいて、私たちの食べた食べ物の残りかすをバラバラにしていますが、この時にくさいガスを発生させます。

また、私たちは食事のとき、食べ物と一緒に空気を飲み込んでいます。食べ物と一緒に腸に送られた空気は、ガスとまじってオナラになります。だからオナラはくさくなるのです。

特に、動物性タンパク質（肉類）のカスが分解されるときのにおいは強烈。そのため、肉ばかり食べているとオナラがとてもくさくなるようです。

熱いものに触ったとき、耳たぶをつまむのはなぜ？

熱いナベやヤカンに手を触れてしまったときなど、「アチチ」と耳たぶをつまんだりします。

この動作は、誰かの癖《くせ》というわけでもないようですが、なぜ、耳たぶなのでしょうか。くちびるや、鼻ではだめなのでしょうか。

耳たぶには毛細血管が張り巡らされています。毛細血管は動脈のような太い血管と違って温度が伝わりにくく、冷たいものです。このため、耳たぶは体のほかの部分に比べると温度が低く冷たいのです。

ですから、熱いものに触れたときは指先を冷やそうとして、人は条件反射のように耳たぶをつまんでしまうというわけです。

しかし、鼻の先や指先なども、夏でも29℃くらいしかありません。熱いものに触れたとき、耳ではなく鼻をつまんでも、じつはおなじ効果があるのです。

フィギュアスケートの選手は、なぜ目が回らないの？

フィギュアスケートのテレビ中継を見ていて不思議に思うことがあります。選手たちは、独楽《こま》のようにクルクル回って目が回らないのでしょうか。それとも、何か対策があるのでしょうか。

フィギュアスケートで回転することを「スピン」といいます。トップランクの選手は、一回のスピンで60回転以上はできるそうです。試合のときには時間や全体の流れの関係で20～30回程度の回転にしておくようですが、それでも聞いただけで「めまいがする」ような回数です。

目が回らなくなる方法はたったひとつ。慣《な》れるだけです。

どんなハイレベルな選手でも、はじめてスピンをしたときには目が回って倒れてしまうそうですが、繰り返すうちに体が慣れ、目が回らなくなるといいます。でも、練習を数日休むと、またまためまいがするそうです。華麗《かれい》なスピンの裏では、たゆまぬ鍛錬《たんれん》が必要のようです。

プールで足がつるのはなぜ？

プールや海で泳いでいて、突然、足がつってしまった……なんてことがあります。足がつるのは、ふくらはぎの筋肉が、ふだんと違う動きをしたり、冷やされたりすることによって緊張し、縮んでしまうからです。

ですから、つっている足を見てみると、筋肉がかたくなって隆起《りゅうき》しているのがわかるはずです。

これは病気でもケガでもなく、健康な人にも起きる現象です。特に、泳いでいる途中で足がつった場合、事故につながることもあるので油断は禁物です。

足がつるのを防ぐためには、ふだんから、ふくらはぎの筋肉をよく鍛《きた》えておくことが大切です。また、運動の前には、きちんと準備体操をして足の筋肉をほぐしておくようにしましょう。

なお、足のふくらはぎの部分を「こむら」ということから、足がつることは「こむらがえり」とも呼ばれています。

子どもも「肩こり」になるの？

なぜ肩こりになるのか、それを簡単に説明すると、次のようになります。

体を動かすとき、筋肉は血液に含まれているブドウ糖と酸素を必要とします。いわば筋肉を動かすためのエネルギーです。ふだんの筋肉は、血液によって、このエネルギーを適度に補充しながら活動しています。

ところが、長時間、同じ姿勢でいたりすると血液の流れが悪くなり、エネルギーがスムーズに補充されません。すると、筋肉に乳酸《にゅうさん》という物質がたまってしまい、これが肩こりの原因になるのです。

肩こりというと、歳をとった人を思い浮かべるかもしれませんが、子どもでも長い時間、同じ姿勢でいれば肩こりになります。

肩こりは、首や肩を動かしたり軽い運動をすることによって、血液の流れがよくなり、簡単に予防できます。

あくびをすると涙が出るのはなぜ？

あくびをしたとき、悲しくないのに涙が出ることがあります。これは、あくびが、眼球の内側で涙をためている涙嚢《るいのう》を刺激するためです。

もっとも、涙嚢はとても小さな器官ですから、涙が出るのは最初のあくびをしたときだけです。たてつづけにあくびが出たとしても、涙嚢に涙がたまるまでは涙は出ません。

ちなみに、涙には、目の表面を保護するほか、まばたきがスムーズにできるようにしたり、細菌から目を守ったり、雑菌を消毒したりする、あるいは、目に異物が入ってしまったときに流そうとする役割があります。

日焼けはヤケドってホント？

日焼けした小麦色の肌は健康的に見えます。しかし、じつは日焼けはヤケドの一種ですから、気をつけなければならないこともあります。

日焼けで皮膚《ひふ》が赤くなり、痛い思いをしたことはありませんか。赤くなる日焼けは、紫《し》外線《がいせん》のうちの中波長紫外線（ＵＶＢ）によって起こるもので、「サンバーン」と呼ばれています。

簡単にいえば、日焼けは紫外線から体を守る力を超えたときに起こります。発熱したり、皮膚が水ぶくれになることもありますが、これは光皮膚炎と呼ばれる状態です。

日焼けは、皮膚がんの原因ともいわれているので、日焼け止めクリームを使ったり、太陽が高い位置にある時間帯は日焼けを避けたり、一日中、強い日差しを浴びないようにするなど、よく気をつけたほうがいいでしょう。

おなかの中の赤ちゃんも、おしっこやうんちをする？

赤ちゃんは、生まれるまでのおよそ10カ月間、お母さんのおなかで過ごします。その間、へその緒《お》を通じて、お母さんから栄養分をとっています。

栄養分をとれば、当然、おしっこやうんちなどの排泄物《はいせつぶつ》が出ます。でも、お母さんのおなかの羊水《ようすい》のなかにいる赤ちゃんはうんちをしません。排泄物は、へその緒

を通してお母さんの体に戻しているのです。

一方、おなかの赤ちゃんは、自分のまわりにある羊水を飲んでいます。当然、おしっこが出ますが、赤ちゃんの体のなかの腸で濾過《ろか》し、羊水に戻しているといわれています。そうすることで、羊水がきれいな状態になっているともいわれています。

メガネをかけると、よく見えるのはなぜ？

近視の人は、外から入ってきた光線が網膜《もうまく》で像を結ばず、網膜の手前、つまり眼球に近い位置で像《ぞう》を結んでしまうために、遠くのものが見えにくくなっています。カメラでいえば、ピントが合っていない状態です。

そのため、一般的には凹《おう》レンズを使ったメガネで、光線がきちんと網膜で像を結ぶように調整するわけです。コンタクトレンズも同じ原理です。

反対に、遠視は、光線が網膜よりも先、つまり眼球から遠い位置で像を結んでしまうために、近くのものが見えにくくなることです。ピントが合っていないことは近視と同じですので、凸《とつ》レンズで矯正《きょうせい》します。

どうやって、心臓は動きつづけているの？

心臓は全身に血液を送り出すポンプのような存在です。赤ちゃんが、お母さんのおなかにいるときから動き出して、死ぬまで動き続けます。

心臓は、不随意筋《ふずいいきん》という、自分自身ではコントロールできない筋肉でできています。だから、「一生動いている」というよりも、「自分の意志で止めることができない」といったほうが正しいでしょう。心臓だけでなく、胃や腸も、不随意筋でできています。

心臓は、一生にどれくらい働くの？

心臓は朝から晩までどころか、寝ているあいだも動いています。日常生活を送っている場合、心拍数《しんぱくすう》は1分間におよそ70回といわれていますから、一日で約10万回も血液を送り出しているわけです。

このペースでいくと、心拍数は一週間で70万回、一カ月で３００万回、一年で3

600万回……となります。

最近の日本人の平均寿命は、男性で79歳、女性は86歳ですから、男性の心臓は約28億回、女性の心臓は約30億回もドキドキするということになります。

血液型は何が違うの？

血液型占いでもおなじみの「A・B・O・AB」という4種類の血液型は、赤血球の抗《こう》原《げん》の違いによって分類されたものです。1900年、オーストリアのカール・シュタイナーという医学者によって発見された血液型の最初の分類法が、このABO式血液型分類といわれています。血液型それぞれの性質は次のとおりです。

A型は、A遺伝子《いでんし》が少なくともひとつあり、B遺伝子がありません。A抗原をもち、B抗原に対しては抗体をつくります。

B型は、B遺伝子が少なくともひとつあり、A遺伝子がありません。B抗原をもち、A抗原に対しては抗体をつくります。

O型は、A遺伝子もB遺伝子もあり、H抗原をもち、A抗原に対してもB抗原に対しても抗体をつくります。

ＡＢ型は、Ａ遺伝子とＢ遺伝子とがひとつずつあり、Ａ抗原とＢ抗原とをもち、抗体をつくることはありません。

ちなみに、日本人の血液型はＡ型が約40パーセントともっとも多く、以下、Ｏ型が約30パーセント、Ｂ型が約20パーセント、ＡＢ型が約10パーセントとなっています。

なぜ、血液型が違うと輸血できないの？

手術で輸血《ゆけつ》が必要な場合があります。しかし、ＡＢＯ式の血液型分類で違う血液型を輸血するとたいへん。血液の凝固《ぎょうこ》が起きてしまうので、限られた人にしか輸血できません。

たとえば、前述した性質があるため、ＡＢ型からは、どの血液型にも輸血できます。また、Ａ型からＯ型への輸血と、Ｂ型からＯ型への輸血も可能ですが、それ以外は輸血できません。

なお、現在では、輸血が必要な手術の場合には、基本的に同じ血液型が輸血されています。

犯人の特定に指紋が使われる理由は？

犯罪捜査の決め手として指紋《しもん》が使われていることはよく知られています。しかし、別々の人でまったく同じ指紋はないのでしょうか？

ある研究によれば、一本の指の指紋が一致するのは、約600億分の1といわれています。手の指は10本ありますから、すべてが一致するとすれば、その600億の10乗分の1という天文学的な数字になります。

もし、これが一致したとなると、奇跡としかいいようがありません。だから、指紋は人物を特定するための十分な決め手になるというわけです。

ペースメーカーって何？

心臓は、自分自身でコントロールできない臓器《ぞうき》です。しかし、心臓に疾患《しっかん》があって、規則正しいリズムをきざめない場合は、ペースメーカーという医療器具を体に埋め込み、その電気信号によって心臓の動きをコントロールすることがあります。

とても繊細《せんさい》な医療器具なので、携帯電話の電波などの影響を受けやすくなっています。病院や電車内で、携帯電話の使用禁止を呼びかけているのは、このペースメーカーの誤作動を防止するためでもあります。

胃液は、なぜ胃袋を消化しないの？

胃で分泌《ぶんぴつ》されている胃液には、塩酸と消化酵素《こうそ》が含まれています。胃液は強い酸性です。その強さは、コレラ菌を死なせるほどともいわれています。

それだけ強い胃液なのに、胃を溶かしてしまわないのは、まず胃壁《いへき》が三層構造になっているためです。胃の内側は粘膜層でおおわれ、さらに粘膜下層、筋層となっています。

また、胃液を中和する重曹《じゅうそう》が分泌されていますから、食べ物を消化することはあっても、胃そのものを消化してしまうことがないわけです。

ただし、ストレスなどで心身のバランスをくずすと、胃に穴があく胃潰瘍《いかいよう》という

病気になりますので、ご用心。

コンタクトレンズを発明した人は誰？

コンタクトレンズは、1971年にアメリカで製品化されたのが始まりとされていますが、じつは、その450年以上も前に、コンタクトレンズを考え出し、実験していた人がいます。それはイタリアのルネサンス期に活躍した、芸術家であり科学者でもあるレオナルド・ダ・ヴィンチです。

世界の名画「モナ・リザ」や「最後の晩餐《ばんさん》」を残したことで知られるダ・ヴィンチは、動物の解剖をおこない、鳥を観察して、ヘリコプターやグライダーを発明し、パラシュートを考案し、橋を設計し、計算機をつくり、天体観測もおこなったと伝えられる万能の天才です。

そのダ・ヴィンチが、じつはコンタクトレンズを研究していたといわれています。目から入った光が網膜《もうまく》で像を結ぶ眼球のメカニズムを解き明かしたと伝えられているのです。

カレーを食べると汗をかくのはどうして？

日本人には大人気のカレーですが、食べていると汗ばんでくることがあります。これは、カレーに使われるスパイスのせいです。

カレーには、黄色い色のもとになるターメリック（ウコン）のほか、辛《から》さのもとになるトウガラシ、コショウ、ショウガ、そして、おいしそうな香りのもとのナツメグ、シナモン、ガーリックといった、さまざまな香辛料《こうしんりょう》が使われています。まさにカレーは、香辛料のオンパレードといえるでしょう。

このうち、とくにトウガラシに含まれる成分のカプサイシンに発汗作用があり、カレーを食べると汗をかくのです。トウガラシは、カレーのほか、キムチや七味トウガラシでも使われています。

第４章 【宇宙・地球編】

地球の自転は、やがて止まる？

空気って、何でできているの？

私たちは、空気のなかで生活しています。ふだん、目で見ることはできませんが、たとえば、風が吹くという現象は空気の流れです。

空気の主な成分は、約78パーセントを占める窒素《ちっそ》と、約21パーセントを占める酸素です。つまり、このふたつの元素で空気の約99パーセントができているのです。

そのほかに空気を構成する元素には、アルゴンが約0・93パーセント、二酸化炭素が約0・037パーセント、ネオンが約0・0018パーセント、ヘリウムが約0・00052パーセントなどがあります。

オゾン層って、どんなもの？

地球と宇宙とのあいだには、いくつかの空気の層があります。地表から約10キロのあたりまでは対流圏《たいりゅうけん》、その上の約10キロから約40キロまでは成層圏《せいそうけん》と呼ばれています。

その成層圏のうち、オゾンが集まってできている層がオゾン層です。オゾンは酸素どうしが結びついてできる物質で、太陽からの紫外線《しがいせん》に含まれている有毒物質を吸収しています。人間だけでなく、地球上の多くの生物にとって大切な役割をはたしてくれているのです。

オゾン層の破壊って何?

1982年、南極の昭和基地で、南極上空に「オゾンホール」の現象が起きていることが確認されました。オゾンホールというのは、オゾン層に、まるでぽっかりと穴があいてしまった部分があるように見えるので名づけられたものです。

その後の調査・研究で、オゾンはフロンガスによって破壊《はかい》されることがわかりました。ニュースなどで「オゾン層の破壊」といった言葉を聞いたことがあるでしょう。

フロンガスは冷蔵庫やエアコンなど、人間の生活に必要な道具に使われているガスです。しかし、大切なオゾン層まで破壊するのは問題です。それを食い止めるた

め、1987年に、オゾン層を破壊する物質の削減《さくげん》や廃止《はいし》を定めた「モントリオール議定書」という国際的な取り決めがなされています。

エルニーニョ現象って何？

風によって波が起き、海水の蒸発《じょうはつ》によって風が吹くというように、自然界の営《いとな》みは尽きることがありません。

ところが、風が弱まると波が起きにくくなり、海水の動きが鈍《にぶ》くなります。それが赤道付近のように暑いところで起きたとすると、温められた海水が同じ場所にとどまって、海水の温度がさらに上がります。その上空には、波が起きているときより多くの水蒸気がたまり、ふだんより大きな雲をつくるようになります。

こうした状態が数年に一度、ペルー沖の中部太平洋で起きるのがエルニーニョ現象です。気象庁では、ペルー沖の中部太平洋の海面の水温が、いつもの年より0・5℃以上高く、それが6カ月続いた状態を「エルニーニョ現象」としています。ちなみに「エルニーニョ」というのは、スペイン語で「男の子」という意味です。

エルニーニョ現象で、世界の天気はどうなるの？

エルニーニョ現象の影響は、世界中に及びます。

いつもなら暖かい風が吹くはずのところに吹かなかったり、温かい海水が流れ込む場所に流れ込まなかったりします。そのために、気温が上がらなかったり、雨が降らなかったりするようになります。

雨季と乾季のある東南アジアで、雨季なのに乾燥した日が続いたことがありました。また、いつもなら雨の少ない場所が、豪雨《ごうう》により大洪水《だいこうずい》になった例もあります。

日本にもエルニーニョ現象は影響するの？

ペルー沖で起こるエルニーニョ現象は、日本の天気にも影響します。

たとえば梅雨《つゆ》の時期の雨といえば、しとしと降るもので、どしゃぶりになることは少ないはずですが、エルニーニョ現象が起きると、梅雨の時期の終わりごろに豪

雨になったりします。

また、カラッと晴れ上がるはずの夏に雨が多かったり、冷夏になる場合もあります。秋の台風の発生も少なくなるといわれています。さらに、寒いはずの冬が暖冬になることもあります。

涼しい夏や暖かい冬は、過ごしやすいものですが、農作物への影響などを考えると、けっして喜んでばかりはいられません。

ラニーニャ現象って何？

ペルー沖の中部太平洋で、いつもの年にくらべて海水の温度が下がることもあります。エルニーニョ現象と正反対の現象で、「ラニーニャ現象」と呼ばれています。ラニーニャは、エルニーニョと反対に、スペイン語で「女の子」という意味です。

世界中に異常気象をもたらすのはエルニーニョ現象と同様です。雨が降らなかったり、逆に、豪雨《ごうう》による洪水《こうずい》が起きることもあります。

日本にももちろん影響があり、冬の寒さが一段と厳しくなるといわれています。

流れ星の正体は？

夜空を彩《いろど》る流れ星は、宇宙空間を飛んでいた隕石《いんせき》が地球の引力で落下し、大気との摩擦《まさつ》によって燃えるので光っているように見えるのです。

隕石は、爆発で飛び散った星の破片が多いのですが、成分によって分けると珪酸塩《けいさんえん》を主成分とする石質隕石、鉄やニッケルを主成分とする鉄質隕石、そして、その両方を成分とする石鉄隕石があります。

たいていの場合、隕石は空中で燃え尽きてしまいますが、地上に到達するものもあります。なかには、隕石に由来するコンドライトやテクタイト、メテオライトといった「パワーストーン」として、私たちの前にあらわれることもあります。

オーロラとは、どんなもの？

北極や南極の空にあらわれるオーロラは、まるで光のカーテンが風に揺《ゆ》らめいているように美しく幻想的で、見る人を感動させます。

オーロラは、電気を帯びた微粒子が太陽から猛スピードで飛んでくる「太陽風《たいようふう》」が、南北の地球の磁極《じきょく》に集まることによって起こる現象といわれています。そのため、北極や南極で見られるというわけです。

ごく稀《まれ》ですが、日本でもオーロラを見ることができます。ただし、そのほとんどは北海道です。

太陽と月は、どれくらい大きさが違う？

太陽は、地球の大きさの約109倍、月は、地球の大きさの約4分の1です。つまり、太陽の大きさは月の大きさの約400倍ということになります。

しかし、地球から見ると、太陽も月も同じくらいの大きさに見えますね。これは地球と太陽との距離が、地球と月との距離の約400倍になっているからですが、まさに偶然の産物といえるでしょう。

ちなみに、地球は、赤道面《せきどうめん》での直径が約1万2000キロ、赤道を一周すると約4万キロになります。

ところで、よく「丸い地球」と表現しますが、じつは北極と南極の半径よりも赤道の半径のほうが、わずかに長くなっています。つまり、ほんのちょっとだけ平たい球形をしているということです。

地球の自転は、やがて止まる?

地球は時速約1700キロで自転していますが、地球ができたばかりのころには、時速8000キロ以上という猛スピードで回転していました。今でも地球の自転は一年間あたり十万分の一秒回転ずつ遅くなっています。では、いつかは地球の自転が止まってしまうのでしょうか?

このままのペースでいくと、およそ80億年後には、自転は完全に止まってしまいます。自転が止まれば太陽の当たる面と当たらない面が固定されてしまうので、地域によって気温に大きなばらつきが生まれ、生物が住める惑星ではなくなってしまうのです。

とはいうものの、心配する必要はありません。なぜなら、地球の自転が止まる30億年前には、太陽が膨張《ぼうちょう》し、地球は飲み込まれてしまうからです。

日食はどうして起きるの？

日食《にっしょく》は、すばらしい天体ショーです。いまでこそ科学的に解明されていますが、古代の人々は、「神の怒り」や、天変地異《てんぺんちい》の前兆と考えたりしたこともありました。日本でも『日本書紀』に日食とみられる話があるほか、平安時代の陰陽師《おんみょうじ》として知られる安倍晴明《あべのせいめい》も日食を体験しています。

日食は、太陽と地球とのあいだに月が入り込むことで起きます。つまり、太陽の光を月がさえぎるために、太陽が欠けたように見える現象です。

月が太陽を部分的に隠すものを「部分日食」と呼び、完全に覆《おお》い隠してしまう場合を「皆既《かいき》日食」と呼びます。また、月が太陽を完全に覆い隠すことなく、月のまわりから太陽の光の輪が見えているものを「金環食《きんかんしょく》」と呼びます。

月食と日食はどう違うの？

日食とともに神秘的な天体現象といえるのが月食《げっしょく》です。月食は、太陽と月のあいだに地球が入り込んで起こります。太陽の光を地球がさえぎって、月が欠けて見えるというわけです。

月の一部が欠けるものを「部分月食」、月のすべてが地球の影によって覆い隠されてしまうものを「皆既月食」と呼んでいます。

月食と日食とでは、天体の並び方が違います。月食では「太陽―地球―月」と並ぶのに対して、日食では「太陽―月―地球」という並び方になります。

太陽の温度は何度くらいあるの？

太陽は、地球に光と熱をもたらしてくれる巨大な天体です。太陽は、ガスでできている球体で、その中心部の温度は1600万℃にも達するといわれています。こ

の高熱は、太陽の中心部で水素の核融合《かくゆうごう》反応が起きているためです。中心部にくらべると、表面の温度は低くなっています。それでも6000℃という高温です。

太陽が誕生してから、約46億年が経過したといわれています。そして、今後、50億年程度は燃え続けるといわれています。そのエネルギーの大きさには驚くばかりです。

太陽の表面にある黒い点は何？

太陽の表面には、ホクロのように見える黒い点があります。黒点《こくてん》と呼ばれるものです。周囲の温度より低いために黒く見えると考えられていますが、それでも4000℃以上という高温です。

黒点は11年周期で増減することがわかっています。黒点活動が活発になると、磁気嵐《じきふう》という世界中の地磁気《ちじき》が減る現象が頻繁《ひんぱん》に起きるといわれ、また、オーロラのあらわれる回数も増えるとされています。さらに、地上のラジオ電波など、さまざまな通信に悪影響があるようです。

黒点は規則的に移動しますが、赤道部分では25日周期でひと回りするのに対して、極付近では30日周期でひと回りすることから、太陽が固体ではないことの証明のひとつとしても利用されました。

地震はどうして起きるの?

日本は地震が多いことで知られています。地震は、日本列島の地下の断層がずれたり、日本列島近海の地下にあるプレートと呼ばれる岩盤《がんばん》が動いたりして起こります。

プレートの動きが原因で起こる地震は、次のようなメカニズムになっています。

プレートの下にはマントルというものが流動しています。マントルは、プレートを引きずり込むようにして動いています。プレートは引きずり込まれるまま、徐々にひずんでいきますが、ある一定のところまでくると、元に戻ろうとする力がはたらきます。その動きが地震になるというわけです。

世界の陸地は、かつてひとつの大陸だった？

オリンピックの五輪のマークは、「近代オリンピックの祖《そ》」と呼ばれるフランスのクーベルタン男爵《だんしゃく》が考えたといわれています。その意図するところは、5つの大陸をあらわす輪が、平和であることを願って、まるで手と手をつなぐように重なり合っているというものです。

さて、いまでこそ5つに分かれている大陸ですが、2億年以上前には、ひとつの大陸だったという説があります。

この説は、ドイツのウェゲナーという気象学者が20世紀のはじめに提唱したものです。ウェゲナーは、アフリカ大陸と南アメリカ大陸の海岸線のかたちがよく似ていることに着目しました。その後、地質学的な調査をしたところ、このふたつの大陸で共通する構造を発見したのです。そこで、「ひとつの巨大な大陸が分裂して離れていった」という説を立てました。

これが大陸移動説と呼ばれる学説です。最初に存在したとされる大陸は、「パンゲア大陸」

と名づけられています。

「夏日」「真夏日」「猛暑日」の違いは？

これまでに日本で記録された最高気温は、２００７年８月16日に埼玉県熊谷《くまがや》市と岐阜県多治見《たじみ》市で観測された40・９℃です（２０１０年８月１日現在）。これは、１９３３年７月25日に山形県山形市で記録された40・８℃を74年ぶりに塗り替えたものとして話題になりました。

夏になるとニュースや気象情報で使われる言葉に、夏日、真夏日《まなつび》、そして猛暑日《もうしょび》があります。それぞれ一日の最高気温によって使われるもので、25℃以上を夏日、30℃以上を真夏日、35℃以上を猛暑日と呼んでいます。

２００６年までは、夏日と真夏日だけでしたが、２００７年４月から猛暑日という言葉が正式に採用されました。

ちなみに、夏の夜についても「熱帯夜《ねったいや》」という言葉があります。これは夜間の最低気温が25℃以上のことをいいます。

「冬日」「真冬日」もあるの？

暑い夏だけでなく、寒い冬に使われる言葉もあります。一日の最低気温が0℃未満の日を冬日と呼び、一日の最高気温が0℃未満の日を真冬日《まふゆび》と呼んでいます。

日本での最低気温の記録の第1位は、1902年1月25日に北海道旭川市《あさひかわ》で観測されたマイナス41・0℃、第2位は、その翌日に北海道帯広市《おびひろ》で観測されたマイナス38・2℃となっています。さすがに北の大地は寒いですね。

ちなみに、北海道以外でも、1981年2月27日に富士山頂で観測されたマイナス38・0℃という記録があります。

「天気雨」は、なぜ起こる？

空を見上げると、真上に雲はないのに雨が降っていることがあります。昔の人が「キツネの嫁入り」などと呼んだ天気雨です。

天気雨の原因は、ふたつ考えられます。ひとつは、遠くで降った雨が強い風に吹かれて、運ばれてくる場合です。

もうひとつは、雨を降らせる乱層雲《らんそううん》という雲が、雨を降らせたあとに消えてしまった場合です。乱層雲は、地上約4000メートルから5000メートルのあたりにできる雲で、雨が地上に落ちてくるまでのあいだに消えてしまうことも珍しくはありません。

名前がついている星座はどれくらいある？

星占いでは12の星座が登場しますが、夜空に輝く星で、名前がつけられている星座の数は88もあります。日本から一部しか見えない星座もありますが、変わった名前の星座があるので、月ごとに紹介しましょう。

1月……エリダヌス、牡牛《おうし》、カジキ、彫刻具《ちょうこくぐ》、時計、ペルセウス、レクチル
2月……ウサギ、大犬、オリオン、画架《がか》、馭者《ぎょしゃ》、キリン、鳩《はと》
3月……一角獣《いっかくじゅう》、蟹《かに》、小犬、トビウオ、艫《とも》、双子《ふたご》、山猫、羅針盤《らしんばん》、竜骨《りゅうこつ》
4月……海蛇《うみへび》、小獅子《こじし》、獅子《しし》、帆《ほ》、ポンプ、六分儀《ろくぶんぎ》

5月……大熊、髪の毛、カラス、コップ、蝿《はえ》、南十字
6月……牛飼《うしかい》、乙女《おとめ》、ケンタウルス、コンパス、猟犬《りょうけん》
7月……狼《おおかみ》、冠《かんむり》、小熊、蠍《さそり》、定規《じょうぎ》、天秤《てんびん》、蛇《へび》、南三角《みなみのさんかく》
8月……琴《こと》、祭壇《さいだん》、楯《たて》、蛇遣《へびつかい》、ヘルクレス、南冠《みなみのかんむり》、竜《りゅう》
9月……射手《いて》、イルカ、孔雀《くじゃく》、顕微鏡、小狐《こぎつね》、白鳥《はくちょう》、望遠鏡、矢《や》、山羊《やぎ》、鷲《わし》
10月……インディアン、ケフェウス、小馬《こうま》、鶴《つる》、トカゲ、ペガスス、水瓶《みずがめ》、南魚《みなみのうお》
11月……アンドロメダ、魚《うお》、巨嘴鳥《きょしちょう》、彫刻室《ちょうこくしつ》
12月……牡羊《おひつじ》、カシオペヤ、鯨《くじら》、三角《さんかく》、鳳凰《ほうおう》、水蛇《みずへび》、炉《ろ》

このほか、日本からは見えませんが、カメレオン、テーブル山、八分儀《はちぶんぎ》、風鳥《ふうちょう》という星座があります。

雲には、どんな種類があるの?

空を見上げると、さまざまな形をした雲があります。雲は、大気中の水蒸気《すいじょうき》がまとまってできた水滴《すいてき》や氷の粒によってできています。

空に浮かぶ雲は、基本的に10種類に分類されます。

すじ雲とも呼ばれる巻雲《けんうん》、うろこ雲やいわし雲などとも呼ばれる巻積雲《けんせきうん》、うす雲と呼ばれる巻層雲《けんそううん》、まだら雲と呼ばれる高積雲《こうせきうん》、おぼろ雲と呼ばれる高層雲《こうそううん》、あま雲と呼ばれる乱層雲《らんそううん》、むら雲と呼ばれる層積雲《そうせきうん》、きり雲と呼ばれる層雲《そううん》、わた雲と呼ばれる積雲《せきうん》、入道雲と呼ばれる積乱雲《せきらんうん》です。

雲は、どれくらいの高さに浮かんでいる？

雲は浮かんでいる高さによって、上層雲、中層雲、下層雲の３種類に大別されます。

巻雲、巻積雲、巻層雲などは高度約６０００メートル以上の空にあり、上層雲と呼ばれています。高積雲、高層雲、乱層雲は、高度約２０００メートルから約６０００メートルの空にある中層雲です。ただし、乱層雲でも高度が２０００メートル以下の空に浮かんでいる場合があります。層積雲や層雲は、高度約２０００メートル以下の空にあり、下層雲と呼ばれています。

このほか、高度３００メートルから６０００メートルにまで届くような、わた雲

と呼ばれる積雲と、高度600メートルから1万5000メートルにまで達する入道雲《にゅうどうぐも》と呼ばれる積乱雲があります。

フェーン現象って何？

気象に関するニュースで、「フェーン現象が起きたために気温が上がりました」といったフレーズを聞いたことがあるでしょう。このフェーン現象の起きるメカニズムについて説明すると、次のようになります。

たとえば、平地と平地のあいだに2000メートル級の山があったとしましょう。フェーン現象は、まず、湿った空気が風に運ばれて山を昇《のぼ》っていくところから始まります。

湿った空気は100メートル上昇するごとに約0・5℃下がります。たとえば平地の気温が25℃だったとすると、2000メートルまで上昇した空気は15℃まで下がるわけです。そして、温度の低下によって水蒸気《すいじょうき》雲《ぐも》を発生させて、山の頂上付近で雨を降らせることになります。

次に、雨を降らせた空気が、昇ってきたほうとは反対側に山を下りていきます。このとき、雨を降らせたことによって乾燥した空気は、１００メートル下降するごとに、約１℃上がります。つまり、山を越して平地に下りてきた空気の温度は35℃まで上がり、さらに乾燥した空気になっているというわけです。

日本には山が多いので、フェーン現象が起きやすい地形が各地にあります。

日本でいちばん早く「初日の出」の見られる場所は？

日本で「初日の出」がもっとも早く見られるのは、どこでしょうか？

太陽は東から昇るので、東へ行くほど日の出は早くなります。また、視界が広がる高いところほど早くなり、さらに、地球は赤道《せきどう》付近がもっともふくらんでいるので、南へ行くほど早くなります。

この３つの条件を考えた場合、日本国内でもっとも早く初日の出が見られる場所は「富士山頂」という答えになるそうです。

「夏至」は6月なのに、なぜ7月や8月のほうが暑いの？

一年のうち、もっとも昼間の長い日のことを「夏至《げし》」と呼んでいます。例年、6月21日ごろです。しかし、昼間が長いにもかかわらず、一年のうち暑い時期といえば、7月から8月にかけてです。

このズレは、日光であたためられた地表から、地球をとりまく空気に熱が伝わるまでに時間がかかるために生まれます。

たとえば、一日の気温にしても、太陽の南中《なんちゅう》時刻は12時前後ですが、最高気温は午後2時ごろになるのと同じ理由です。

校庭の「百葉箱」には、何が入っているの？

今では少なくなりましたが、小学校の校庭の片隅などに、百葉箱《ひゃくようばこ》と呼ばれる、白いペンキで塗られた、鎧戸《よろいど》のある箱が設置してありました。

百葉箱のなかには、気象観測のための温度計や湿度計などが入っています。地上から1・5メートルの高さに設置されることが基準になっています。

また、百葉箱の扉は北向きになっています。これは、開いたときに直射日光が当たらないように考えられているためです。

宇宙ステーションでは、どの国の時間が使われている？

21世紀の宇宙開発はすばらしい展開をみせています。たとえば、国際宇宙ステーションでは、日本人を含めて世界各国の宇宙飛行士が活躍しています。では、国際宇宙ステーションでは、どの国の時間が基準になるのでしょうか。

地球の時間は、経度《けいど》0度と定められているイギリスのグリニッジ天文台が標準時になっています。これが、Greenwich Mean Time、通称「GMT」と呼ばれるグリニッジ標準時です。宇宙にある国際宇宙ステーションでは、このGMTが設定されています。

ちなみに日本の標準時とは9時間の時差があります。日付変更線に近い位置にあ

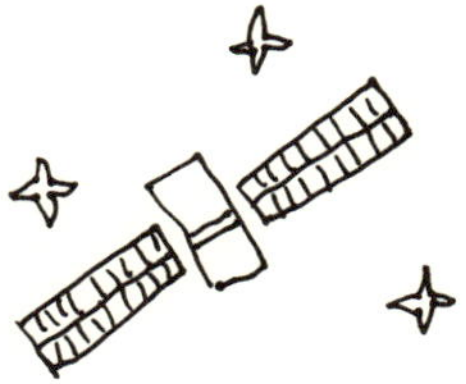

る日本のほうが9時間進んでいて、日本での夕方5時は、国際宇宙ステーションでは、その日の朝8時になります。

地震の「震度」と「マグニチュード」の違いは？

地震が起きたときに、ニュースで流れるのが「震度」と「マグニチュード」という数字。このふたつは何をあらわすのでしょうか？

マグニチュードは、地震の規模をあらわすもので、いわば地震のエネルギーの大きさを示すものです。アメリカのリヒターという地震学者が考えたものです。マグニチュードが7以上になると大地震の可能性があるとされています。

一方の震度は、揺れの大きさです。日本では震度0〜4、5弱、5強、6弱、6強、7までの10段階に分かれています。

震度0では人は揺れを感じませんが、震度3になるとほとんどの人が揺れを感じます。震度6弱にもなると、立っていることが困難になるとされています。

黄砂の正体とは？

春になると黄砂《こうさ》が飛び、せっかく干した洗濯物や車が汚れてしまうことがあります。黄砂の正体は、タクラマカン砂漠《さばく》やゴビ砂漠などの砂や土です。

アジア大陸の降水量の少ない地域で乾燥した砂や土が、強い風などによって上空に舞い上がります。それが偏西風《へんせいふう》に乗って、数千キロも離れた日本にまで飛んでくるのです。

地球の温暖化によって乾燥が進んでいるといわれ、黄砂の量は年々増えているようです。

北極と南極、寒いのはどっち？

北極も南極も、地球の端《はし》にありますから、同じくらいの寒さと思いがちですが、じつは南極のほうが寒くなっています。

その理由は標高の違いです。

北極にも氷がありますが、南極のように氷の大陸はありません。一方、南極の氷

の厚さは2000メートル以上ともいわれています。つまり南極は標高2000メートルの高地というわけです。

山や高原などのように標高が高いところに行けば、それだけ寒くなるのと同じ理由で、南極のほうが寒いというわけです。

北極星の簡単な見つけ方は？

地球から見たときに、ほとんど動かないように見える星が北極星です。そこで、昔の船乗りたちは、夜の航行の際に重要な目印としていました。

北極星の見つけ方には、いくつかの方法がありますが、ここでは北斗七星《ほくとしちせい》を利用した簡単な見つけ方を紹介しましょう。北斗七星は、ひしゃく星とも呼ばれる特徴のあるかたちをした星です。

その北斗七星のうち、ひしゃくの先の部分にあたるふたつの星を直線で結び、その長さを5倍したところにあるのが北極星です。星空の観察に役立ててください。

星の等級は何で変わる？

星の明るさによって「何等星《とうせい》」という分け方をしたのは、古代ギリシアのヒッパルコスという天文学者です。ヒッパルコスは、肉眼で見えるもっとも明るい星を1等星として、肉眼でかろうじて見える星を6等星としました。

その後、19世紀のイギリスの天文学者ボグソンの研究によって、1等星が6等星の約100倍の明るさがあることがわかりました。そして、1等星と2等星、2等星と3等星といったように、星の等級が一段階変わるごとに、約2・5倍の明るさの違いと定義されました。

これによって、7等星以下の暗い星も設定できるようになり、その反対に明るい星には、0等星、あるいはマイナス何等星という設定もできるようになりました。さらに、1・5等星というような小数点でもあらわせるようになったのです。

この定義によると、もっとも明るい星といわれているシリウスは、マイナス1・5等星となります。ちなみに、太陽はマイナス26等星となります。

「曇ときどき雨」と「曇一時雨」の違いは？

気象情報でよく見たり聞いたりする「曇《くもり》ときどき雨」と「曇一時雨」。その違いは、雨が降ると予想される時間の長さの違いです。

予報された時間帯のうち「2分の1未満の時間」のときには「ときどき」とされ、予報された時間帯のうちの「4分の1未満の時間」のときには「一時」とされています。

つまり、「曇ときどき雨」なら、曇っていても、予報された時間帯のうち、半分近くの時間は雨が降る可能性があるということです。

雨粒の形は、まんまるではない？

水滴《すいてき》は基本的に表面張力によって丸くまとまろうとします。空から降ってくる雨も水滴ですから丸くなろうという性質があります。しかし、雨粒は、まんまるではありません。

なぜかというと、空気の抵抗を受けるために、下の部分が少し平べったくなってしまうのです。

ちなみに、木の葉からこぼれるしずくや、マンガの主人公が流す涙のように、下のほうがふくらんだ形を「涙滴《るいてき》」といいます。

第5章　【乗り物編】

「黒船」は本当に黒かったの?

大きくて重い鉄の船は、なぜ沈まないの？

豪華客船や大型貨物船、あるいはタンカーといった重い鉄でできた大きな船は、海の上をゆっくりと進みます。乗客が満員でも、荷物が満杯でも、重さで沈むことはありません。なぜ、重たい船が浮くのでしょうか？

その秘密は、船のかたちにあります。

鉄は塊《かたまり》のままだと、水に沈んでしまいます。しかし、船のように、鉄の中をくりぬいた立体的なかたちにすると沈みません。

それは、船の中に空間がたくさんできているからです。船全体の大きさを考えると、同じ体積の水よりも、船のほうが軽くなります。そのために、大きな重い鉄の船でも水に浮くというわけです。

これは、家庭でも簡単に実験ができます。

水を張った洗面器に、中をカラにしたマグカップを入れると、金属製のマグカップでも浮かべることができます。

飛行機は、なぜ空を飛べるの？

飛行機の翼《つばさ》をよく見ると、翼の下側が平たくなっているのに対して、上側は曲線を描いて、ふくらんでいます。飛行機が空を飛ぶ秘密が、この曲線にあります。

飛行機が空を飛ぶためには、浮かび上がるための揚力《ようりょく》と、前に進むための推進力《すいしんりょく》のふたつが必要です。そのうちの揚力を生み出すのが主に翼です。

飛行機が前に進むと、空気の流れが翼によって上下に分けられます。このとき、翼の上のほうを流れる空気は、翼の下を流れる空気よりも、翼がふくらんでいるぶんだけ長く移動することになり、そのために空気の流れが速くなります。

空気の流れが速くなれば、それだけ圧力が下がり、翼は上のほうに持ち上げられます。これが揚力といわれるものです。

飛行機が飛ぶために必要な、もうひとつの力である推進力は、プロペラやジェットエンジンによって生み出されます。

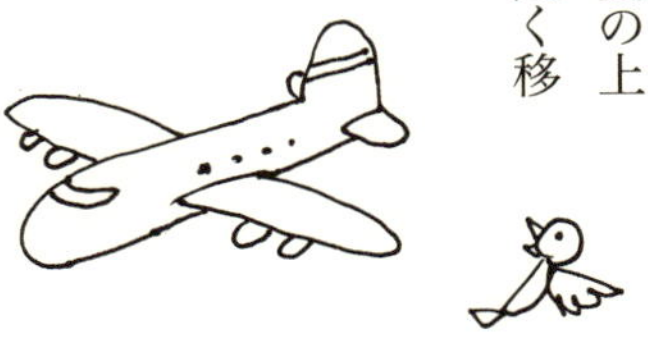

旅 客機の窓は、なぜ小さいの？

飛行機は、時速約３００キロで離陸し、９００キロもの速さで高度約1万メートルの上空を飛行します。しかも、着陸するときも約２５０キロというのですから、まさにスピードの象徴のような乗り物です（キロ数は、すべて時速換算）。

乗員・乗客を合わせると５００人にもなるジャンボ旅客機《りょかくき》の巨体が大空を飛んでいる姿はみごとなものですが、それだけに頑丈《がんじょう》なつくりが必要とされます。

飛行機の機体は現在、縦横に組まれた骨組みの表面に、軽くて丈夫なアルミ合金が使われる構造が多くなっています。

しかし、窓がなくては旅客機として使えません。そのため旅客機では窓を設定しながらも、強度を保つために小さな窓になっているのです。

ちなみに、窓ガラスは三重構造になっていて、いちばん外側の窓には小さな穴があいています。外気を入れるとガラスがくもるのを防ぐ効果があるそうです。

旅 客機の窓は、なぜ低い位置にあるの？

旅客機の座席にすわると、電車やバスにくらべて、窓が低い位置にあるように感じるはずです。じつは、旅客機の窓は、わざわざ低い位置に設定されているのです。

離陸した飛行機は、高度1万メートルの上空を飛びます。夜間の場合は問題ありませんが、日中の飛行の場合には強烈な太陽光線に照らされますから、まぶしすぎて目を痛めてしまうからです。

また、飛行中は眼下の景色を見下ろすことになるので、低い位置にあったほうが座席からは見やすくなるというわけです。

東 海道新幹線の一編成には何人乗れるの？

日本の大動脈と呼ばれる東海道新幹線は、早朝から夜遅くまで、ひっきりなしに発着しています。では、新幹線車両の一編成にどれくらいの人が乗れるか、想像が

つくでしょうか？

東京駅では、300系、700系、N700系の3種類の形式の新幹線が発着しています。これらはすべて16両編成で、定員も原則として1323人となっています。しかも、普通車の定員が1123人、グリーン車の定員が200人というところまで統一されています。

定員数をそろえているのは、別の形式の車両が代わりに走るようになっても、利用者を混乱させないための配慮からです。

もっとも多くの乗客を乗せられる新幹線は？

鉄道は、大量の輸送・高速の輸送・定時の輸送という特徴をもっています。その特徴を最大に活《い》かしているのが新幹線といえるでしょう。

特に、JR東日本の新幹線車両のなかで、Max（マックス）という愛称をもつE4系という車両は、8両編成の定員は817人ですが、2本を連結させて16両編成の列車として走らせることができるため、定員は1634人となります。

この定員は、日本の新幹線列車で最大で、世界的にみても最大級のものになっています。ちなみに、Ｍａｘには「最大」の意味もありますが、「Multi Amenity Express」に由来したものです。東北・上越新幹線の時刻表には、「Ｍａｘやまびこ」「Ｍａｘとき」というように表記されています。

飛行船の風船のなかには、何が入っている？

大空に浮かび、ゆっくり進む飛行船は、優雅な乗り物といえるでしょう。その機体のほとんどは、風船のように見える気嚢《きのう》と呼ばれる部分です。

気嚢のなかには、ヘリウムガスが詰まっています。ヘリウムガスは無色、無臭、無味、無毒の気体です。空気よりもたいへん軽いため、飛行船を持ち上げることができるというわけです。

じつは、ヘリウムガスよりも水素ガスのほうが軽いのですが、水素ガスには燃えやすいという性質があるため、飛行船には安全なヘリウムガスが利用されています。

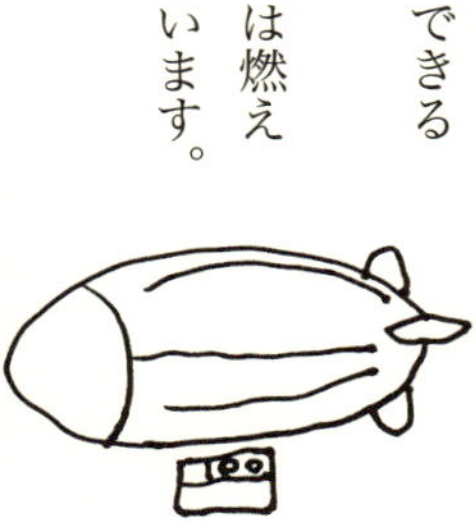

昔の新幹線の先頭が、丸くなっていたのはなぜ?

1963年に開業した東海道新幹線の先頭車両は、丸い鼻が特徴的な、顔のようなデザインでした。

この独得なスタイルは「流線型《りゅうせんけい》」と呼ばれ、空気抵抗を減らすために工夫されたかたちだったのです。

それまで運行されていた列車の最高時速は、在来線時代の特急列車「こだま号」の110キロでした。それを2倍の220キロで走行させるために、実験と研究が重ねられ、あのスタイルが誕生したというわけです。

0系と呼ばれ、親しまれた新幹線でしたが、現在では、すべての車両が現役を引退しています。

しかし、東京都の青梅《おうめ》鉄道公園、埼玉県の鉄道博物館、大阪府の交通科学博物館をはじめ、各地の保存車両などで見ることができます。

最近の新幹線の先頭が、長くなっているのはなぜ？

東海道・山陽新幹線ではＮ７００系、東北新幹線では２０１０年12月デビューのＥ５系が最新型の新幹線車両です。かつて０系と呼ばれた新幹線車両にくらべて、先頭部分が長くなっているのが特徴です。

これは騒音問題の研究から生まれたスタイルです。

列車が高速でトンネルに入ったときに空気の壁《かべ》と衝突《しょうとつ》して圧力波という波が生まれ、その波がトンネルのなかを伝わり、出口付近で、ドーンと爆発したような音を立てることがわかりました。

その音の問題を解消するためには、空気の流れをよりスムーズにすることが必要とされ、研究が重ねられました。Ｎ７００系ではカモノハシのようなかたちになり、最新型のＥ５系ではノーズと呼ばれる先頭部分が15メートルもある車両デザインになったのです。

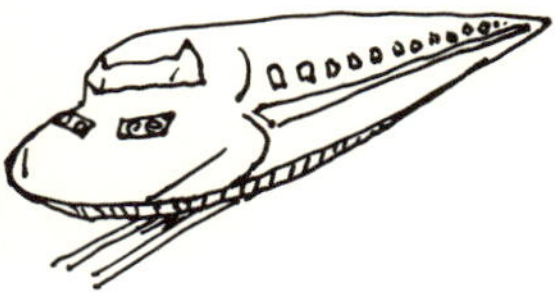

電車が、「地球環境にやさしい」といわれるのはなぜ?

地球の温暖化がどんどん深刻化する現在、その原因になっているといわれる二酸化炭素の排出量を抑えることが重要になっています。そうしたなかで、鉄道は「地球にやさしい交通機関」といわれています。

その理由のひとつが、電車は走るときに排気ガスを出さないということ。乗用車やバス、あるいはトラックなどは、ガソリンエンジンやディーゼルエンジンで走ります。ジェット機もジェット燃料を使ってエンジンで飛んでいます。

電車の場合、電気をつくるためのエネルギーを必要としますが、そのための二酸化炭素の排出量は、車の10分の1といわれています。

また、熱効率という点でも鉄道は優《すぐ》れています。鉄の車輪が鉄のレールの上を走る鉄道は、ゴムのタイヤがアスファルトやコンクリートの道路を走る車にくらべて小さいエネルギーですむのです。

船の速さを示す「ノット」は、どれくらいのスピード？

車や電車のスピードは、時速何キロと表されますが、船のスピードは何ノットという単位であらわします。

1ノットとは、1時間に1海里《かいり》（約1852メートル）進む速さのことです。

その昔、スピードメーターなどない時代の船乗りたちは、等間隔に結んだロープを水のなかに投下し、砂時計などで時間を計りながら、その結び目の数を数えてスピードを割り出したといわれています。そのため「結び目」という意味の「knot」を語源とする「ノット」という単位が誕生したのです。

飛行機は、なぜ左側から乗り降りするの？

飛行機には両側にドアがついています。しかし、空港で乗るときも降《お》りるときも、左側のドアが使われます。

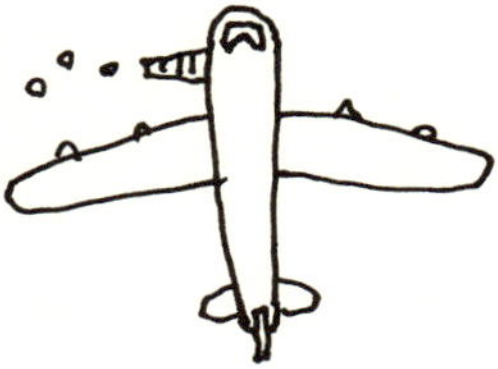

これは昔、港のなかで船と船とが衝突するのを避けるために、船の左側を岸につけるルールになっていたことの名残《なごり》です。

飛行機と船には、ほかにもいくつもの共通点があります。

たとえば、機長も船長もキャプテンと呼ばれ、船の乗組員も飛行機の乗務員もクルーと呼ばれます。

また、航空会社の人たちは飛行機のことをシップ（船）と呼びますし、飛行機の位置を示すポジションライトが、右は赤、左は緑となっているのも船と同じです。

猛 スピードの新幹線の運転席から、信号は見えるの？

新幹線の列車の運転席は、前方の見通しをよくするために高い位置にあります。ですが、普通の線路にあるような信号機では、時速200キロという高速で走りながら視認《しにん》することは、なかなか難しいでしょう。

そのため、新幹線車両では運転席に信号指令が出るようになっています。これは開業当初からの設定です。

ちなみに、東海道新幹線の開業時は最高時速が210キロでした。現在は、東海道新幹線は270キロ、山陽新幹線は300キロ、東北・上越新幹線は275キロ、長野新幹線・九州新幹線は260キロが、それぞれ最高時速となっています。

電車のパンタグラフが、「く」の字形になったのはなぜ？

電車や電気機関車の動力はもちろん電気です。車両の屋根の上にあるパンタグラフで架《か》線《せん》から電気をとっています。パンタグラフといえば、かつては菱形《ひしがた》が主流でした。ところが、最近の車両は「く」の字形が多くなっています。

シングルアームと呼ばれる「く」の字形のパンタグラフは、菱形のパングラフにくらべて使われる部品が少ないので軽量化できることと、メンテナンスの費用が削減できるために採用されています。さらに、走行中の騒音が抑えられるという利点もあります。

見た目には、ちょっときゃしゃな感じがしますが、技術者の話では、強度に問題はないそうです。

パンタグラフのない電車は、どうやって走るの？

東京の地下を走る、東京メトロの銀座線や丸ノ内線の車両は、よく見るとパンタグラフがありません。

じつは、銀座線や丸ノ内線には、車両が走る線路と平行して、もう一本、電気が通っている線路があります。これは第三軌条《きじょう》と呼ばれています。

電車は集電靴《しゅうでんか》という装置で、第三軌条から電気をとります。つまり、第三軌条が架線の役割を、集電靴がパンタグラフの役割を、それぞれ果たしているというわけです。

駅のホームの番号は何の順？

ホームには1番線、2番線、3番線と順番がつけられています。JRの場合は、国鉄時代に「駅長室に近い順」という決まりがあり、それにしたがってつけられたのが基本です。JRになってからも、そうしています。

ただし、ホームの番号のつけ方は、鉄道会社によって異なります。たとえば、関西の近鉄では、下り列車のホームに1番線をつけています。南海電鉄も同様です。ところが、京《けい》阪《はん》電鉄では上り列車のホームに1番線をつけています。

なお、通常「ホーム」と呼んでいる駅のホームですが、「プラットフォーム」というのが正しい名称です。

0番線というホームがある？

1番線から順につけられるはずのホームですが、「0番線」というホームを見かけることがあります。たとえば駅の改築や、新しい路線が設定されたことによって、1番線よりも手前にホームが設置されたときは、0番線と名づけられることが多いようです。

盛岡駅には、いわて銀河鉄道のホームとして、高崎駅には、上信電鉄の発着ホームとして、それぞれ0番線があります。

このほか、松本駅、京都駅、長崎駅など、全国の40ほどの駅に0番線があり、なかには、熊本駅のように、0A番線、0B番線と、ふたつの0番線が存在する駅も

あります。

ちなみに、以前には0番線がありながら、名古屋駅、金沢駅、新津《にいつ》駅などのように、駅の高架《こうか》化などによって、0番線が消えてしまった駅も少なくありません。

架線はまっすぐ張られていないってホント?

電車の線路はまっすぐだったり、カーブだったりしますが、その上に張られている架線《かせん》は、よく観察するとジグザクになっています。

電車や電気機関車は、パンタグラフによって架線に流れている電気を集電して走ります。パンタグラフの集電靴《しゅうでんか》という部分を架線に接触させながら走るわけですから、もし、架線がまっすぐに張られていると、集電靴の一カ所だけが、極端にすりへってしまうでしょう。それを防ぐために、架線はジグザグに張られているのです。

もっとも、あまりにジグザグではパンタグラフから外れてしまうので、ジグザグの幅は大きいものではありません。電車に乗ったときに、運転席の後ろあたりから確認してみてください。

船の窓は、なぜ丸い形をしているの？

船の窓といえば丸い形が定番ですが、これは窓の強度を考えたときに、たいへん合理的なものになっています。

船は海上を波に揺られながら走りますから、上から下からだけでなく、前から後ろから、あるいは斜めからも力がかかります。当然、窓ガラスにも力がかかります。

四角い窓では、タテやヨコからの力には耐えられても、ななめから力がかかった場合には、力の逃げ場がなく、ガラスが割れてしまいます。それを防ぐために、船の窓は丸くなっているのです。

ちなみに、飛行機の窓も、カドは丸みを帯びたものになっています。

「黒船」は本当に黒かったの？

1853年、アメリカのペリー提督《ていとく》が蒸気船《じょうきせん》で日本にやってきたとき、多くの日本人がいかに驚いたかは、歴史が伝えているとおりです。

その蒸気船を当時の人々は黒船《くろふね》と呼びました。これは黒い煙《けむり》をもくもくとあげていたからという説もありますが、じつは、防水や防腐《ぼうふ》のために、船体に石炭《せきたん》などからつくった真っ黒いタールが塗られていたからという説が有力です。

そのころの日本の船といえば、木目が見える船ばかりだったのに対して、黒くて大きな船は異様な姿に見えたのでしょう。

ガソリンに代わる車の燃料は？

車はガソリンで走るものというのが、これまでの常識でした。しかし、ここ数年、エタノールやバイオエタノールで車を走らせようという動きが活発になっています。過去にも燃料として研究されたエタノールでしたが、これまでは主に消毒薬や殺菌剤《さっきんざい》として利用されてきました。

ところが、原油価格の高騰《こうとう》などで、アルコールの一種であるエタノールを燃料として使うことが研究、開発されたのです。

その後、トウモロコシやサトウキビ、あるいは大麦、小麦といった穀物《こくもつ》を原料にしてつくられるエタノールが登場し、バイオエタノールと呼ばれています。バイオエタノールは、燃焼しても大気中の二酸化炭素を増やさないので、地球にやさしいエネルギーとして注目されています。

ハイブリッドカーって何？

燃費《ねんぴ》がいい、地球に優しいという理由で人気を集めているハイブリッドカー。本来は「2種類の動力機関をもつ車」という意味ですが、一般的には「ガソリンを燃料とするエンジンと電気を動力とするモーターをもつ車」のことを呼んでいます。

動力にモーターを併用すると、ガソリンの消費量を抑えられるので、燃費はよくなります。そして、二酸化炭素の排出量を減らすこともできるというわけです。

車以外にも、ハイブリッドカーがあります。

たとえば、JR東日本のキヤE200型という車両は、ディーゼルエンジンとリチウムイオン蓄電池《ちくでんち》を搭載した、世界初の営業用ハイブリッド方式車両として注目

されています。

レーシングカーの後ろに羽がついているワケは？

Ｆ１のレーシングカーなどの後ろには、リアウイングと呼ばれる翼《つばさ》がついていますが、もちろん、飛ぶためのものではありません。

レーシングカーは、時速３００キロという猛スピードでサーキットを駆け抜けます。しかもスピードアップのために徹底した軽量化がはかられて、場合によってはレーシングカー自体が浮き上がってしまうことがあります。

その危険を回避するために、リアウイングをつけて空気の流れを調整することで、安定した走行ができるように設計されているのです。

なぜ、電車はガタンゴトンと走るの？

電車が走るときに「ガタンゴトン」と音がするのは、線路のつなぎ目を通過しているからです。

線路は1本の長さが約25メートルあります。それを次々とつなげていくわけですが、気温が高いときには、鉄でできた線路が膨張《ぼうちょう》してのびてしまいます。そのため、線路を敷くときは、線路と線路との間にすきまをつくっています。

ちなみに、ロングレールと呼ばれる線路は、つなぎ目がありません。楔形《くさびがた》をした線路どうしが、向かい合っているようなかたちでつながっているため、ガタンゴトンという音はしません。

電気機関車にも前と後ろがあるの？

SL《エスエル》の愛称で呼ばれ、人気のある蒸気《じょうき》機関車は、前後のかたちがまったく違いますから、前か後ろかはひと目でわかります。

さて、前も後ろもそっくりなかたちをしている電気機関車にも、じつは前後の区別があることを知っていますか？

電気機関車は、前後に運転台があり、どちらにも進めるようになっています。し

かし、よく見ると、機関車の側面には四角囲みで書かれた1という数字があります。これが第一エンドと呼ばれる機関車の「前」です。

その反対向きになる運転台には、四角囲みで書かれた2という数字があり、こちらが第二エンドと呼ばれる「後ろ」ということになります。

黄色い新幹線を知っている？

東海道新幹線には、一般の人が乗ることのできない特別な車両があります。それは、新幹線の線路や架線《かせん》の状態などを、高速で走りながら測定したり検査したりすることができる車両です。

この車両には「新幹線電気軌道総合試験車」という正式名称がありますが、車体が黄色いことから「ドクターイエロー」とも呼ばれています。黄色い新幹線とは、このドクターイエローのことです。

日本の新幹線は、技術にしても安全性にしても、海外でも高く評価されています。その裏には、ドクターイエローの活躍もあるのです。

車のボディはくびれているってホント？

車は前後や左右から眺めたりしても、上から見ることは少ないでしょう。しかし、一度、車を真上から見てほしいのです。

ふだんは気づかないと思いますが、上から見ると、車の中央部がくびれていることがわかるでしょう。

この曲線は、モンロースタイルと呼ばれるラインです。車のデザインを美しくみせるためのテクニックであると同時に、空気抵抗を減らす役割も果たしています。

ちなみに、「モンロー」は、ハリウッドの美人女優、故マリリン・モンローに由来したネーミングといわれています。

「ゆりかもめ」は誰が運転しているの？

東京の新橋と豊洲《とよす》との間、約14・7キロを結ぶ「ゆりかもめ」は、株式会社ゆり

かもめが運営する、東京臨海新交通臨海線という路線名の新交通システムです。

運転士が乗務していないことで知られていますが、コンピュータで遠隔操作《えんかくそうさ》されています。つまり、コンピュータが運転しているのです。さらに、中央指令所には、ゆりかもめの状態を監視している係員がいますから、無人運転とはいっても、安心して乗れるというわけです。

先頭車両のいちばん前に座れば、気分はまさに運転士。子どもだけでなく、大人にも人気のある席になっています。

東京交通局の日暮里《にっぽり》・舎人《とねり》ライナーや、横浜新都市交通金沢シーサイドラインなども無人運転の列車が走っています。

高速道路のトンネルの照明は、なぜオレンジ色なの？

高速道路を走っていて、長いトンネルに入ると、オレンジ色の照明が多いのに気づきませんか？

じつは、これには科学的な理由があります。オレンジ色の光は波長が長いために、遠くまで届きます。また、白い光の照明よりも、まぶしくないために、ドライバーの目を眩惑《げんわく》させることもありません。さらに、ドライバーに注意を喚起《かんき》させる色合いにもなっているのです。

なぜ、高速道路のトンネルの手前が渋滞するの?

年末年始やゴールデンウィーク、あるいはお盆《ぼん》の時期に大混雑する高速道路ですが、じつは、ふだんからトンネルの入口付近では渋滞《じゅうたい》が起きやすくなっています。

明るい高速道路を快適に走ってきたドライバーにとって、真っ暗なトンネルに入るときは、恐怖心というほどではないにしても、警戒心《けいかいしん》が生まれることが少なくありません。

すると、アクセルを緩《ゆる》めることになり、当然、スピードが落ちます。一台のスピードダウンが、後続の車に影響し、さらに後方の車はブレーキをかけなければならなくなり、渋滞が起きてしまうというわけです。

アクセルを緩めなくても、トンネルで渋滞は起こる？

トンネルの手前でアクセルを緩めなくても、渋滞《じゅうたい》は起こります。

トンネルのある場所は、高速道路にかぎらず、基本的に山の多いところです。山岳トンネルを掘る場合、地下水などの水はけをよくするために、中央がもっとも高くなるように設計されています。つまり、トンネルの半分までは、緩やかな上り坂になっているということ。

車が坂を上るとき、同じスピードを維持しようとすれば、エンジンのパワーを上げるためにアクセルを踏まなければなりません。もし、アクセルの踏み方が同じだったとしたら、車のスピードは自然に落ちてしまいます。これがまた、渋滞の原因になるわけです。

空いているのに渋滞が起こる場所のワケは？

市街地を走るときは、信号や歩行者のために、走ったり止まったりします。しかし、空《す》いている高速道路を走る場合、ドライバーは一定のスピードで走ろうとして、アクセルの踏み方が一定になりがちです。また、スピードメーターに気をつけながらも、前方を注視しているほうが多いはずです。

ところで、高速道路を走っていて、気がついたら、スピードが落ちていた経験はありませんか？

じつは、トンネルの入口でもなく、トンネルの中でもなく、しかも山岳地域でなくても、きまって渋滞が起こるという場所があります。その代表が、ドライバーが気づかないほどの、長くて緩い上り坂。高速道路を走るときに意識したいことのひとつです。

第６章　【飲み物・食べ物編】

氷は、どうして水に浮くの？

家庭の冷蔵庫で、透きとおった氷をつくるには？

家庭の冷蔵庫で氷をつくると、市販されているロックアイスのような透《す》きとおった氷ではなく、白く濁《にご》った感じの氷になってしまうことがあります。この白い濁りの正体は、水の中に含まれていた空気です。水から氷になるときに、空気も一緒に凍《こお》ってしまうためです。

しかし、家庭の冷蔵庫でも、湯冷《ゆざ》ましを使うと透きとおった氷がつくれます。いったん沸騰《ふっとう》させて、水にふくまれている空気を出すことで、透きとおった氷になるわけです。

また、急速冷凍をせずに、ゆっくりと凍らせると、水のなかの空気が自然に抜けて透明な氷になります。天然氷がきれいに透きとおっているのは、そのためです。

タマネギを切ると、なぜ涙が出るの？

カレーやオムライスに欠かせないタマネギですが、むいたり、切ったり、刻《きざ》んだりすると、涙が出てきます。これは、タマネギのアリルプロピオンという物質によって目が刺激されるためです。

涙の原因となるアリルプロピオンですが、血液をサラサラにしたり、ビタミンB_1の吸収を高めたりする効果があるなど、体にとって大切な役割を担《にな》っています。

アリルプロピオンは、低温に弱いので、タマネギを冷やしておいて手早く切れば、涙が出るのを抑《おさ》えることができます。

グレープフルーツは、ぶどうの仲間?

夏みかんのように大きくて、とてもよい香りのするくだものといえばグレープフルーツ。グレープフルーツはかんきつ類で、みかんやオレンジと同じ仲間。でも、なぜ、こんな名前なのか不思議です。

「グレープ」を日本語にすると「ぶどう」。みかんの仲間なのに、どうしてグレープフルーツなんていう名前がついたのでしょうか?

グレープフルーツは一本の枝にたくさんの実がなり、遠くから見ると大きなぶど

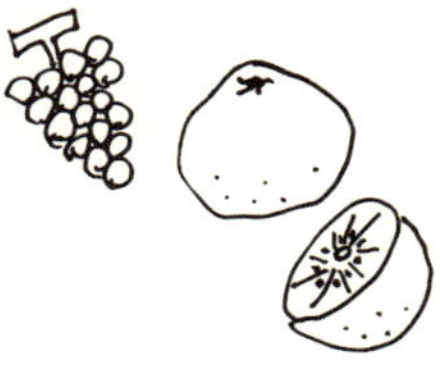

うがなっているように見えます。そこでグレープフルーツという名前がつけられたのです。ぶどうとは種類的には関係ありません。

「グレープフルーツは、苦《にが》いから好きじゃない」という人もいるかもしれませんが、ビタミンCがたっぷり含まれているので、風邪の予防にはとても良い果物《くだもの》なのです。

ピザのチーズは、どうして糸をひくの？

ふつうのチーズをちぎっても、ただ切れるだけですが、ピザやチーズトーストにすると、チーズは糸をひいてのびます。なぜでしょうか？

これは、チーズに含まれる成分のタンパク質と脂肪《しぼう》が熱が加えられることで溶けるためです。

科学的にいえば、固体のときに物質の分子は、規則正しく、しかも、しっかりと並んでいますが、熱が加わることによって分子が自由に動けるようになった状態になるのです。チーズが溶けてのびるのは、このためです。凍《こお》っているときには固まっている氷が、温められて溶けると水になるのと似ています。

牡蠣は、なぜ「海のミルク」と呼ばれるの?

生《なま》で食べても、フライにしても、あるいは鍋《なべ》料理の具材としても、牡蠣《かき》はおいしい食材として人気があります。

「海のミルク」と呼ばれる牡蠣ですが、これは牛乳と味が似ているからではありません。牡蠣の栄養成分が牛乳とよく似ているから、そう呼ばれるのです。

たとえば、100グラムあたりで比較してみると次のようになっています。

	牡蠣	牛乳
エネルギー	60キロカロリー	67キロカロリー
水分	85パーセント	87・4パーセント
炭水化物	4・7グラム	4・8グラム
タンパク質	6・6グラム	3・3グラム

カルシウム	88ミリグラム	110ミリグラム
リン	100ミリグラム	93ミリグラム
ビタミンB_1	0・04ミリグラム	0・04ミリグラム
ビタミンB_2	0・14ミリグラム	0・15ミリグラム

（「文部科学省食品成分データベース」より）

牡蠣も牛乳も、栄養バランスのとれた食品で、そのため、「完全食品」と呼ばれることもあるほどです。

氷は、どうして水に浮くの？

物体には、そのものの重さのほかに、比重《ひじゅう》という数値があります。密度《みつど》とも呼ばれるもので、ある一定の大きさの重さのことと考えればいいでしょう。

比重の基準は、4℃のときの水です。1立方センチメートルのときの重さが1グラムなので「比重＝1」とされています。つまり、物体の比重が、1より小さいものは水に浮かび、1より大きいものは水に沈みます。

氷の比重は、0・92ですから、水に浮くというわけです。

ちなみに、スギやマツの木の比重は0・4くらいなので水に浮きます。鉄の比重は7・8ですから、たとえば鉄製の釘《くぎ》を水に入れると、あっという間に沈んでしまうというわけです。

緑茶と紅茶の違いは？

緑茶《りょくちゃ》と紅茶《こうちゃ》では、色も香りも味もずいぶん違うのですが、じつは、もともと同じお茶の仲間です。

お茶の葉を摘《つ》んだあとに、加熱処理をして発酵《はっこう》を抑えたものが緑茶です。その名のとおりに、あざやかな緑色をしています。日本茶と呼ばれることもあり、英語では「green tea」といいます。

一方の紅茶は、摘んだ葉を完全に発酵させたものです。紅茶はヨーロッパ、とく

にイギリス、アイルランドで人気があります。英語では「black tea」と呼ばれています。ちなみに、ウーロン茶は、摘んだお茶の葉を途中まで発酵させて、その後、加熱処理をすることで発酵を止め、「半発酵」させたものです。

中国茶と呼ばれるとおり、中国で愛飲されています。中国茶の一種の「烏龍茶《ウーロンチャ》」は、お茶の葉が烏《からす》のような黒い色で、龍《りゅう》の爪のようなうねったかたちをしていることから名づけられたものです。

リンゴの皮は、なぜ時間がたつと茶色くなるの？

リンゴの皮は、むいてしばらくすると、茶色くなってしまいます。これは、リンゴの実に含まれているフェノール系化合物が、空気中にある酸化酵素《さんかこうそ》によって化学変化を起こすためです。

茶色くなるのを防ぎたいときには塩水につけます。すると、塩水によって酸化酵素の働きが妨げられて、化学変化が抑えられます。

お弁当のリンゴウサギをつくるときなどに、役立ててください。

スイカは野菜？　それとも果物？

スイカは、八百屋《やおや》さんの店先にも果物屋《くだものや》さんにも並んでいます。スイカは野菜なのか、果物なのかわかりますか？

もともと、果物とは、木になる果実を指す言葉でした。リンゴやモモ、カキなどです。野菜は草に属すもので、食用にするものです。キャベツやホウレンソウなど葉を食べる葉菜《ようさい》、ダイコン、ゴボウなど根を食べる根菜《こんさい》、そしてキュウリ、トマトなどの実を食べる果菜《かさい》などがあります。

さて、スイカやイチゴなどの果実は果物に入るのか野菜に入るのか、答えはまだ見えてきません。

これをどう分類するかは、国によってまちまちなのです。アメリカではフルーツといえば木になるものに限定していますが、ヨーロッパではスイカやイチゴ、またトマトなどもフルーツに入れています。

日本では、原則的には果物は「木のもの」ですから、スイカは野菜に入ることに

なります。しかし、実際には単純に割り切れず、日本の青果市場ではスイカは果物に分類されています。

米のとぎ方で、ご飯がおいしくなるの？

ごはんを炊《た》くときに米をとぐのは、米の表面や米粒の溝《みぞ》に残っている糠《ぬか》を洗い流すためです。

以前は、力を入れてギュッギュッととぎ、何度も水を取り替えたものですが、精米《せいまい》技術が発達した現在は、シュッシュッと軽くとぎ、数回水を取り替えれば、糠がとれます。逆に、あまり力を入れてしまうと、米粒がぶつかって割れてしまい、おいしいごはんが炊き上がりません。

また、米をとぎはじめたときから、米粒は水分を吸収しますから、のんびりといでいると、米がよけいな水分を吸ってしまいます。そのため、ササッと手早くといだほうが、おいしく炊けるそうです。

無洗米は、本当に米を洗わなくていいの？

米をとぐ手間や時間が省《はぶ》けるうえに、水道代の節約もできるので、無洗米《むせんまい》が人気です。米のとぎ汁を流さずにすむため、地球環境にやさしいという声もあります。

無洗米は、精米後に残っている糠を、きれいに取り去っているため、米に水をくわえて、そのまま炊くことができます。

たしかに、水不足のときや、災害が起きて水が貴重な場合、節水のために無洗米は便利といえるでしょう。

水からゆでる野菜と、お湯からゆでる野菜の違いは？

料理をしていて、野菜を水からゆでたほうがいいのか、お湯が沸騰《ふっとう》してからゆでたほうがいいのか迷ったとき、簡単に見極めるための大原則があります。

それは、「土のなかでできる野菜は水から、地上でできる野菜はお湯から」とい

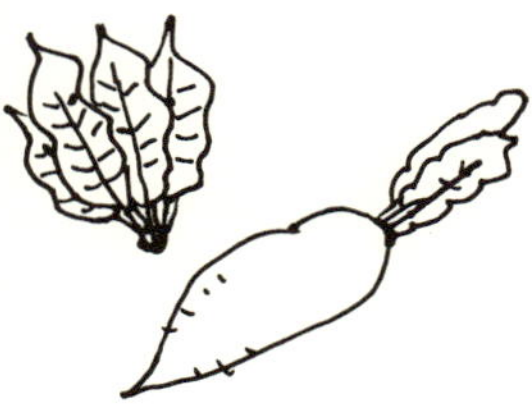

うものです。

たとえば、ダイコンやニンジン、ジャガイモ、ゴボウ、レンコンなど、根菜《こんさい》と呼ばれる野菜は水からゆでるのが基本です。一方、葉菜《ようさい》と呼ばれるホウレンソウやコマツナなどは、沸騰したお湯に入れてゆでればいいということです。

チャーハンをおいしくつくる秘訣は？

中華料理店などで食べるチャーハンは、パラパラとしたできあがりになっていますが、家庭でチャーハンをつくると、ベタついてしまいがちです。

もちろん、コンロの火力や鍋《なべ》が、お店と家庭では違いますが、ちょっとした工夫で、家庭でもパラパラのチャーハンをつくることができます。

たとえば、4人家族の家庭でも、4人分を一度につくろうとせず、2人分ずつ2回に分けてつくればいいのです。

家庭用のコンロで、一度に4人分のチャーハンをつくろうとして、ごはんと具材を鍋に入れると、火が通るのに時間がかかります。

しかも、その鍋が、お店で使われているような中華鍋ではなく、ちょっと大きい程度のフライパンだったとしたら、狭いところに具材がひしめくわけですから、なおさらベタつく原因になります。

1人分か2人分でつくれば、火力と鍋の大きさを十分に活かして、パラパラとしたチャーハンができあがります。

ちょっとしたウラ技として、ぜひ試してみてください。

ゆでタマゴをつくるとき、塩や酢を加えるわけは？

ゆでタマゴをつくるときは、水からゆでますが、そのとき、塩や酢《す》を入れます。

タマゴは殻《から》に包まれていますから、もちろん、味つけのためではありません。では、なぜでしょう？

塩や酢を入れるのは、タマゴをゆでている途中で殻が割れてしまった場合に、こぼれだした白身を固める役割があるからです。

ゆであがったタマゴの殻を簡単にむくコツもあります。タマゴの粗熱をさっと取

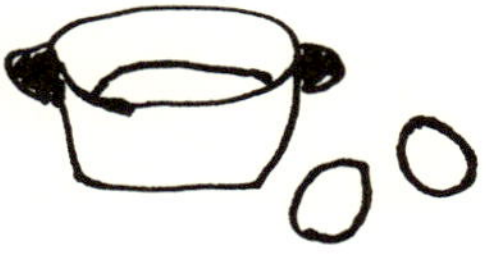

り、氷水につけると楽に殻をむくことができます。

サンドイッチにバターを塗るわけは？

サンドイッチをつくるときに、パンにバターやマーガリンを塗《ぬ》るのは、ただ風味《ふうみ》のためだけではありません。じつは、野菜から出る水分からパンを守るためです。

サンドイッチには、レタスやキュウリ、トマトなど、みずみずしい野菜が欠かせません。しかし、つくりたてなら問題ありませんが、少し時間が経つと野菜から水分が出てきます。お弁当にもっていくなら、なおさらです。

そのとき、バターやマーガリンが水気をはじいてくれますから、サンドイッチのパンが、野菜の水気を吸ってしまうことがないというわけです。

おいしいサンドイッチをつくるには、パンのすみまで、ていねいにバターやマーガリンを塗っておくのがポイントです。もっとも、あまり時間が経ってしまっては、いくらバターやマーガリンでも、パンを水気から防ぐことはできません。

バターを簡単に溶かす方法は？

マーガリンは冷蔵庫から出して、すぐにパンなどに塗れますが、サンドイッチをつくるときなどは、バターは固くて不便でしょう。

バターをすぐに使いたいというときは、電子レンジの「解凍機能」などを使えば、短時間でやわらかくなります。もちろん、レンジによって表示や性能が違いますから、どの機能なのか、どれくらいの時間なのかは、それぞれの家庭で試してください。

ちなみに、溶けすぎてしまっても、また冷蔵庫に入れておけば、元の固いバターに戻ります。

料理の味つけの順番は、なぜ「さしすせそ」なの？

料理番組やおばあちゃんの知恵袋的な話として、料理（とくに和食の場合）の調味料を入れる順番は「さしすせそ」というのがあります。砂糖、塩、酢《す》、醤油《しょうゆ》（昔

は「せうゆ」と書いて「しょうゆ」と読んだことから）、味噌の順で味つけをするとおいしくできるというものです。

じつは、これは科学的にみても正しい順序といえるのです。

料理の具に味が染みるということは、調味料の分子が具に浸透《しんとう》するということです。その際に、砂糖の分子は塩よりも大きいために、塩よりも先に味つけをしないと染み込みません。

また、塩を先に入れてしまうと、浸透圧で具材の水分が出てしまい、甘みがつきにくくなります。

酢は、早い時点で入れてしまうと酸味が飛んでしまうので、頃合いを見計らって入れる必要があります。

そして、醤油や味噌は風味が大切ですから、最後のほうに入れますが、味噌は醤油よりも煮詰まりやすいので醤油よりもあとに入れるほうがおいしくなります。

この順序を整理すると、砂糖、塩、酢、醤油、味噌の頭の文字をとって、「さしすせそ」という順番になるというわけです。

赤ワインと白ワインの違いは？

ワインを色で分けると、赤、白、ロゼの3種類があります。この色の違いは、原料となるブドウの種類の違いもありますが、基本的には、製法によって違ってくるものです。

赤ワインは、黒ブドウや赤ブドウを原料として、果実をまるごと発酵《はっこう》させます。つまり、皮や種《たね》も一緒に発酵させてしまうわけです。赤ワインには、動脈硬化を予防するポリフェノールが多く含まれています。

白ワインは、白ブドウや薄い色のブドウを原料とします。赤ワインとさらに違う点は、皮や種を取り除いて果汁だけを発酵させることです。ポリフェノールのもとになる物質はブドウの皮や種に多く含まれているため、白ワインに含まれるポリフェノールは赤ワインの10分の1といわれています。

ロゼは、赤ワインと白ワインのそれぞれの原料となるブドウをブレンドして発酵させる場合や、薄い色の皮のブドウを原料にしてつくる場合、あるいは、醸造《じょうぞう》された赤ワインと白ワインをブレンドしてつくる場合など、メーカーによって製法が異

なるようです。

梅干しは、なぜすっぱいの？

おにぎりの具になったり、弁当のごはんの真ん中に陣取《じんど》っている梅干しは、日本人にとって大切な食べ物です。「梅干しは三毒を断《た》つ」という言葉があって、食べ物の毒、水の毒、血液の毒を消すといわれています。

梅干しがすっぱいのは、クエン酸という強い酸が、梅干しのなかに多く含まれているためです。クエン酸は、食べ物を腐《くさ》らせる菌が増えることを抑《おさ》え、体内に入って殺菌力を発揮し、疲労回復にも効果をあげるという優《すぐ》れものです。

すっぱいのが苦手という人も、薬だと思って梅干しを食べてください。

トマトが赤いのはなぜ？

そのまま食べる以外にも、トマトケチャップやトマトジュースなど、私たちの食生活におなじみのトマトですが、もともとは観賞用、つまり見て楽しむための植物でした。現在のような食材として一般化したのは19世紀以後で、パスタでおなじみのイタリアでブームになったといわれています。

トマトの赤い色はリコピンという色素によるものです。リコピンには成人病の原因となる活性酸素を抑えたり、動脈硬化の原因となる悪玉《あくだま》コレステロールの酸化を抑えたりするはたらきがあるとされています。

桜餅をくるんでいるのは桜の葉っぱ?

あわいピンク色をした桜餅《さくらもち》は、緑色の葉っぱでくるまれています。葉っぱのようなビニールが使われていることもありますが、桜餅といえば、やはり、塩漬けにされたオオシマザクラという桜の葉っぱでくるまれたものでしょう。

塩漬けにされたオオシマザクラの葉は、独特の香りを放つとともに、やわらかくて毛が少ないことから、桜餅に利用されています。

桜餅は、大きく分けて2種類あります。

ひとつは「道明寺《どうみょうじ》」と呼ばれ、もち米と道明寺粉を使って、餡《あん》を大福のように包んだタイプで、上方風《かみがたふう》とされます。

もうひとつは、「長命寺《ちょうみょうじ》」と呼ばれる、白玉粉や小麦粉などを混ぜてつくった生地《きじ》を、クレープのように薄く焼いて、小豆餡《あずきあん》を包んだタイプです。こちらは、江戸風といわれるものです。

柏餅に柏の葉が巻かれているわけは？

5月5日の子どもの日に食べる柏餅《かしわもち》。その名のとおり、柏の葉っぱでくるまれています。桜餅をくるむ葉っぱは、食べても食べなくてもいいのですが、柏餅の葉っぱは、はずして食べます。

柏餅の香りのことを「森の香り」と呼ぶ人もいるほどで、柏の葉は若木の香りがします。しかし、柏餅が柏の葉っぱでくるまれているのには、香りづけのほかにも理由があります。じつは、柏の葉から放たれるフィトンチッドという成分が腐敗《ふはい》防止の役割をはたしているためです。

ちなみに、柏は新しい芽が育つまで古い葉が繁《しげ》っているので、子孫繁栄《しそんはんえい》の象徴とされ、柏餅は縁起物《えんぎもの》として人気を集めたのです。

カフェインの眠気覚まし以外の効果は?

コーヒーを飲むとカフェインによって眠気《ねむけ》が覚《さ》めます。もっとも、カフェインが含まれているのはコーヒーにかぎったものではなく、お茶や紅茶、ウーロン茶やコーラなどにも含まれています。

さて、カフェインの効果は眠気覚ましだけではありません。心臓の働きをよくしたり利《り》尿《にょう》作用もあるとされています。

また精神的には、集中力を高めるといわれています。

ただし、コーヒーやお茶の飲みすぎで眠れなくなってしまう人も少なくないので、自分自身に合わせた量を飲んでください。

納豆を食べるなら朝食と夕食、どちらがいい？

日本人の朝食の定番といえば、ごはんに味噌汁《みそしる》、焼き魚と海苔《のり》とタマゴ、そして納豆《なっとう》が代表ではないでしょうか。

このうち納豆に含まれるナットウキナーゼという成分には血栓《けっせん》を融解する効果や、血液をサラサラにする働きがあります。しかも、納豆を食べたあと、数時間から12時間程度、効き目が持続するといわれています。

ところで、高齢の人が脳梗塞《のうこうそく》を起こす可能性が高い時間帯は、早朝というデータがあります。健康のためには、朝食の納豆もけっこうですが、夕飯にも納豆を食べるといいようです。

ミニトマトはトマトの赤ちゃんなの？

弁当を彩《いろど》ったり、料理のつけあわせとして添《そ》えられるミニトマトは、大きなトマトを小さいうちに摘《つ》んだものではありません。小さくても、りっぱな「おとな」なのです。

大玉トマトと呼ばれる、いわゆるふつうのトマトには、桃太郎、桃あかり、ポンテローザといった品種があります。

一方、ミニトマト、あるいはプチトマトと呼ばれる小さいトマトには、小桃、レッドルビー、千果《ちか》といった品種があります。一説には「ミニトマトは飛行機の機内食のために開発された」という話も伝えられています。

トマトはナス科の植物で、南アメリカのアンデス山地が原産とされています。

ハチミツを赤ちゃんに食べさせてはいけないの？

大人にとっては滋養《じよう》のある食品のハチミツですが、1歳未満の乳児には向いていないということを知っていますか？

ハチミツは不純物などを濾過《ろか》してつくられますが、ふつうは、熱による殺菌はされません。そのため大人には問題ありませんが、乳児にとっては健康を害しかねない菌が混ざっている可能性があります。

たとえば、ハチミツにはボツリヌス菌が含まれていることがあり、乳児の体内に入ると、未成熟の腸で毒素を発生させて、ボツリヌス症を起こすことがありますので、気をつけてください。

コンビーフの缶は、なぜ台形なの？

ツナ缶、鮭《さけ》缶、フルーツ缶など、さまざまな缶詰があるなかで、コンビーフの缶詰《かんづめ》は、台形の独特なかたちをしています。

コンビーフの缶詰は、昔、船乗りたちの保存食として、牛肉を塩漬けにしたものを手作業で缶に詰めていたのがルーツといわれています。

手作業で詰めるときに空気が入りにくいなど、台形のほうが都合がよかったために、あのかたちになったというわけです。また、缶からまるごと取り出しやすい、などの利点もあります。

ちなみにコンビーフを英語では「corned beef」といいますが、この「corned」は、「塩漬けにされた」という意味で、トウモロコシの「corn」とは関係ありません。

ビールビンの王冠のギザギザはいくつある？

コーラやビールビンの蓋《ふた》である王冠についているギザギザを数えると、特殊なかたちをしたビンを除いて、どれも21個になっているはずです。では、なぜ、そろいもそろって21個なのでしょうか？

まず、王冠の側から説明すると、王冠で密閉するときに、力学的には3の倍数で締めつけるとバランスがよくなるためです。

次に、王冠をはずす栓抜《せんぬ》きの側から説明すると、ギザギザが21個になっていると、どの方向からでも、必ず栓抜きに7個のギザギザが引っかかるようになるためです。試しに一度、数えてみてください。

なぜ、ワインの栓はコルクなの？

ワインのビンは、基本的にコルクで栓をされています。なぜ、王冠や、まわして

開けるスクリューキャップではないのでしょうか。

じつは、ワインは詰められたあとも生きているので、完全に密閉せずに、呼吸ができるようにしておく必要があります。そのために、栓の役割をしながらも空気を通すコルクが使われているのです。

ただし、コルクは乾燥してしまうと、ビンとのあいだに隙間《すきま》ができます。それを防ぐためにに、ワインは寝かせて保存するのが鉄則になっています。

電子レンジで、どうして食べ物が温まるの？

物質は分子から成り立っています。まず、その分子の動き方と物質の状態との関係を簡単に説明しましょう。

たとえば、「規則正しく並んで、おとなしくしている状態」が固体、「ちょっと動いている状態」が液体、そして、「自由自在に動きまわっている状態」が気体と考えてください。

物質は、熱によって、分子の動きが活発になります。これが、火などを使って温める方法です。

しかし、電磁波《でんじは》によっても分子が動くことがわかりました。つまり、電子レンジは電磁波を当てることによって分子を揺《ゆ》り動かして、その結果、冷たい食べ物が温まるというわけです。

ビールを注ぐと泡立つのはなぜ?

王冠や缶ビールのプルトップを開けたとたんに、あふれ出てくるビールの泡《あわ》の正体は、炭酸ガスとも呼ばれる二酸化炭素です。

フタをあけると、圧力をかけて閉じ込められていた二酸化炭素が、いきおいよく飛び出してくるのです。もし、泡をあふれさせたくないという場合は、よく冷やしておくことです。

コーラやジンジャーエールなどの炭酸飲料の泡も、ビールの泡と同じで、その正体は二酸化炭素です。もっとも、ビールとコーラでは、その泡に含まれている飲み物自体の成分が、まったく違うことはいうまでもありません。

紅茶にレモンを入れると、色が薄くなるわけは？

紅茶の色は、ポリフェノールが酸化されてできる、テアフラビンという色素によるものです。

紅茶にレモンを入れると、テアフラビンが、レモンのクエン酸によって酸化されます。テアフラビンは酸化されると色が薄くなる性質があり、そこで、紅茶の色自体が薄くなってしまうのです。

レモンを入れてから、わずかのあいだに、ティーカップのなかでは化学変化が起きているというわけです。

生タマゴとゆでタマゴ、消化のいいのはどっち？

トロッとした生タマゴと、固くなったゆでタマゴとでは、食べたときに、どっちが消化されやすいでしょうか？

トロッとしている生タマゴのほうが消化されやすそうですが、じつは、ゆでタマゴのほうが消化されやすくなっています。その理由として、ゆでタマゴには熱が加えられている点があげられます。

タマゴの成分であるタンパク質には、加熱されると性質を変える「タンパク質の変性」という特徴があります。生タマゴをゆでると固まるのは、その典型的な例です。

加熱されて固まったタンパク質は、加熱されていないときよりも、体内の消化酵素《こうそ》の働きを受けやすくなります。そのため、生タマゴよりもゆでタマゴのほうが、消化がいいというわけです。

マヨネーズの成分は、なぜ分離しないの？

マヨネーズの主な原材料といえば、タマゴと酢《す》と食用油です。しかし、酢と食用油は、混ぜようとしてもなかなか混ざりません。では、どうしてマヨネーズは、酢と食用油が分離しないのでしょうか？

その答えは、タマゴの黄身《きみ》のなかにあります。タマゴの黄身の卵黄《らんおう》レシチンが、

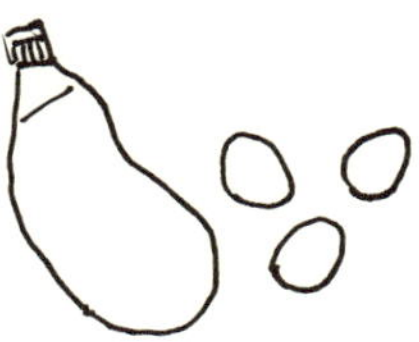

酢と食用油の中和剤の役割をしているので、分離しないのです。この状態を乳化《にゅうか》といい、卵黄レシチンのことを乳化剤とも呼びます。

ちなみに、レシチンの語源は、ギリシア語で「卵黄」を意味する「レストーセ」といわれています。

素 麺と冷や麦の違いは？

暑い夏、バテてしまって食欲がないときなどには、ツルツルと食べられる素麺《そうめん》や冷《ひ》や麦《むぎ》がおいしく感じられます。

じつは、素麺も冷麦も、その原材料は、ほとんど同じです。では何が違うかというと、麺の太さです。

日本農林規格（ＪＡＳ規格）には「乾めん類品質表示基準」というものがあり、それによると、麺の直径が1・3ミリ未満のものを「素麺」とし、麺の太さが1・3ミリから1・7ミリ未満のものを「冷や麦」としています。

ちなみに「うどん」は、麺の太さが1・7ミリ以上のものと分類されています。

海苔の裏表はどっち？

日本人の朝食に欠かせないもののひとつが海苔《のり》ですね。

ところで、海苔に表と裏があるのを知っていますか。なんと、表面が光っていないほうが表で、光沢があってツルツルしているほうが裏なのです。

海苔は日光に当てて仕上げますが、そのときには、表を十分に乾燥させてから、裏も乾かします。表のほうが日光に当たる時間が長いので、表面にツヤがなくなってしまうのです。

第７章　【素朴な疑問編】

巨大クレーンはどこに消えるの？

瞬間接着剤は、なぜ容器のなかで固まらない？

瞬間接着剤《しゅんかんせっちゃくざい》は、ほんとうにアッという間に、物と物がくっついてしまいます。取り扱いを間違って手や指につけてしまったときなどは、ちょっとやっかいなことになります。

さて、それだけ強力な瞬間接着剤が、なぜチューブなどの容器のなかで固まらないかというと、瞬間接着剤が固まるときに必要な水分が容器のなかにないからです。

瞬間接着剤は水分と反応して固まります。水分といっても、空気中に含まれている、わずかな水分で十分に固まるようになっています。しかし、容器のなかには空気が入っていないので、固まることがないのです。

どうして、付箋は貼ったり剝がしたりできるの？

付箋《ふせん》は、ちょっとしたメモを書いて貼っておくだけでなく、用がすんだら簡単に剝《は》がせる便利な文房具です。

繰り返し、貼ったり剥がしたりできるのは、接着力が弱いため。接着剤の役目からすると「弱い接着剤」は矛盾《むじゅん》するような話ですが、それもそのはず、付箋は偶然の産物といわれています。

アメリカの3M（スリーエム）という化学メーカーで、強い接着剤の開発をしていたスペンサーという研究者が、弱い接着剤をつくってしまったのが発端です。ところが、同じ会社のアーサーという研究者が、本のしおりとして使うことを思いつきました。そして現在のポストイットと呼ばれる商品が誕生したのです。

まさに「失敗は成功の母」といった話です。

パラシュートの傘には、穴があいているってホント？

スカイダイビングなどで地上に降下するときに使われるパラシュートには、ちょっとした秘密があります。

パラシュートのキノコのようなかたちをした傘《かさ》には、穴があけられています。穴があいていたら、そこから空気が漏《も》れると思うかもしれませんが、じつは、その反

対で、これは空気を抜くための穴です。

この穴があることによって、パラシュートは早く開き、また、まっすぐに下りてくることができます。もしパラシュートに空気の抜け穴がなかったら、かえって、ゆらゆらと揺れてしまい、まっすぐに下りてこられないそうです。

凧揚げの凧に、「しっぽ」がついているワケは？

お正月の風物詩のひとつに、凧揚《たこあ》げがあります。三角形や四角形、あるいは六角形のほか、さまざまなかたちやデザインがありますが、たいていの場合、凧の下にヒラヒラとしたしっぽがついています。

このしっぽには、凧を安定させる働きがあります。凧の重心を下げるとともに、しっぽが風に吹かれてひっぱられることで、凧が安定するというわけです。

もし、しっぽがなかったら、凧はふらついたり、くるくる回ってしまい、うまく揚げられないのです。

時計の針は、なぜ右回りなの？

針のついた時計はアナログ時計と呼ばれます。アナログ時計が右回りになっているのは、時計が北半球で発明されたものだからです。

時計のルーツは、６０００年前のエジプトで発明された、太陽の動きとともに向きを変える影を利用した日時計《ひどけい》といわれています。北半球では、その影の動きが右回りになるため、発明された機械時計の針の動きが右回りになりました。

もし、機械時計が南半球で発明されていたら、時計の針は左回りになっていたかもしれません。

ドライアイスの正体は？

たいていの物質は、固体、液体、気体という三つの状態に変化します。しかし、なかには、そうでないものもあります。その代表がドライアイスでしょう。

ドライアイスは、二酸化炭素の固体です。二酸化炭素は気体ですが、マイナス79℃で凍ってドライアイスになります。逆にいえば、ドライアイスは、マイナス79℃以上では、気体になってしまうのです。固体から液体にならずに気体になることを、化学の言葉で「昇《しょう》華《か》」と呼んでいます。

アイスクリームが溶けないようにと、お店の人が一緒にドライアイスを入れてくれることがありますが、マイナス79℃以下の「超冷たい」ものですから、直接、手でさわらないように気をつけてください。

ちなみに、防虫剤として使われるナフタリンも昇華する物質です。

タマゴは本当に立てられる？

タマゴの尻をたたいて、平らにしてから立たせてみせたのはコロンブス。この話は、常識からの飛躍を意味するたとえとして、よく使われます。

ですが、タマゴは底を平らにしなくても、そのまま立たせられるのです。

嘘《うそ》だと思う人は、実際に試してみてください。静かに落ちついてやれば、タマゴは、そのままでもちゃんと立ちます。それは、タマゴの表面が完全な球面や楕円《だえん》面ではないこと、タマゴの表面はざらざらしていて、小さなでこぼこがあるためです。その凸《とつ》部が最低3点集まれば、タマゴを支えることができるのです。

プールより海のほうが浮きやすいのはなぜ？

プールよりも海のほうが、体は浮きやすいと考えられます。海水には塩分が含まれていますが、その濃度は、およそ3・5パーセントです。この塩分濃度の分だけ比重が大きくなるため、物体が浮きやすくなるというわけです。ちなみに、海水の比重は、約1・02といわれています。

日本で最初の時計は、どんな時計？

前述したように、世界の歴史では、時計のルーツは日時計ですが、日本の歴史では「水時計」が時計の始まりといわれています。

時代は7世紀にまでさかのぼり、天智《てんじ》天皇が、水が一定の割合で上から下に流れるしくみの「漏刻《ろうこく》」と呼ばれる時計をつくったのが始まりです。

この水時計が、時を刻《きざ》み始めたのが6月10日と伝えられていて、「時の記念日」として制定されています。

アルミはなぜ、さびないの？

アルミニウムはさびない金属だと思われがちですが、じつは、さびます。「さびます」というよりも「すでにさびています」と言ったほうが正確かもしれません。

金属がさびるのは、空気中や水によって酸化されることが原因です。アルミニウムは酸化しやすい金属ですが、酸化すると表面に酸化皮膜《ひまく》をつくります。この皮膜が、さびをガードしているわけです。

アルミニウムは軽量で、加工しやすい金属として、アルミサッシや鉄道車両などに利用されています。1円玉もアルミニウム製ですから、手にしたときなどに、ちょっとながめてみてください。

アスベストが、かつて使われていた理由は？

肺がんの原因となる危険性が指摘されて以降、使われなくなったアスベストですが、これまで使われてきたのは、どんな利点があったためでしょうか。

その理由をひと言でいえば、アスベストは、とても丈夫だったからです。「石綿《いしわた》」とも呼ばれるアスベストは、繊維《せんい》状のケイ酸塩鉱物と呼ばれるものです。酸やアルカリや熱にも強いため、建築材、断熱材、保温材などに利用されてきました。さらに、化学変化を起こしにくいことも、よく使われた理由のひとつです。

現在は、法律によって、アスベストの製造、輸入、譲渡《じょうと》、提供、使用が禁止されています。

充電式の電池を長持ちさせる方法は？

携帯《けいたい》電話やデジカメなどでは、繰り返し使える充電式の電池（バッテリー）が使

われていますが、この電池を長持ちさせるためには、電池を使いきってから充電するのがコツです。

充電式の電池の寿命は、充電される回数によって変わってきます。当然、回数の少ないほうが寿命はのびますから、充電回数を少なくするためには、必然的に電池を使いきってから充電するほうがいいことになります。

電池が切れるのが不安という人は、継《つ》ぎ足し充電ではなく、スペア電池をもつことをおすすめします。

紙おむつは、なぜおしっこを吸収できるの？

布製のおむつの洗濯でたいへんだった母親たちにとっては、紙おむつが開発されて、ずいぶん便利になったようです。

紙おむつが、赤ちゃんのおしっこを吸収するのは、「高吸水ポリマー」と呼ばれる樹脂《じゅし》が水分を吸収してしまうためです。

水の分子を引き込む性質をもつ樹脂の分子が、高い浸透圧によって大きな吸水力を発揮しているのです。

この樹脂は、それ自体の大きさの100倍もの水を吸い込むことができるといわれています。

シャンプーとリンスの違いは?

シャンプーが泡立《あわだ》つのは、界面活性剤《かいめんかっせいざい》という成分が含まれているためです。その泡が髪の毛の汚れを落とし、サラサラにします。基本的にマイナスのイオンをもっています。

一方のリンスには、髪のための栄養成分や油分などが含まれていて、髪をしっとりとさせます。リンスは、プラスのイオンをもっています。つまり、シャンプーとリンスは、まったく逆の性質をもったペアといえます。

もちろん、シャンプーをしたあとにリンスをしますが、もし、この順を逆にしてしまうと、リンスは泡立ちませんし、シャンプーをしたままでは、髪がごわごわになってしまいます。

せっけんは、なぜ泡立つの？

せっけんには、シャンプーと同じ界面活性剤《かいめんかっせいざい》という成分が含まれています。界面活性剤は、親水性という水になじもうとする性質と、疎水性《そすいせい》という水を避けようとする性質の両方を同時にもつ不思議なものです。

水に接した界面活性剤は、親水性と疎水性が同時に働くために、球体になろうとします。これがせっけんの泡です。

たとえていえば、濡れた手で、てのひらをふくらませて合わせたようなかたちです。つまり、てのひらの内側にあるのが空気、濡れた手が泡そのもの、そして、てのひらの外側を空気がとりまいているというわけです。

リトマス試験紙は何でできているの？

アルカリ性の水溶液に、青いリトマス試験紙をつけても変化しませんが、赤いリトマス試験紙をつけると青く変化します。酸性の水溶液では、その逆に、赤いリトマス試験紙は変化しませんが、青いリトマス試験紙は赤く変化します。

リトマス試験紙は、リトマスという紫《むらさき》の色素をもつリトマスゴケという苔《こけ》からつくられています。

リトマスは、スペインの化学者デ・ビラノバが、１３００年ごろに発見したといわれ、もともとは、染料として使われていました。

巨大クレーンはどこに消えるの？

工事中の高層ビルの屋上では、巨大なクレーンが活躍していますが、完成後に、その姿はありません。クレーンは完成後、下まで降《お》ろされて、また別の工事現場で活躍しています。しかし、巨大なだけに一度では降ろすことができません。

では、どのようにして降ろすのでしょうか。まず、ひとまわり小さいクレーンを吊《つ》り上げます。そのクレーンが、大きいクレーンを吊り上げて降ろします。これを繰り返して、最後は小型のクレーンをエレベーターなどで降ろすというわけです。

アイロンをかけるときに、なぜ霧吹きをするの？

アイロンがけの際には、シュッと霧《きり》吹きをして、そのあとで熱くなったアイロンでワイシャツやスラックスのシワをのばしていきます。

霧吹きをするのは、シワのある布地に水分を与えることで、布地の繊維《せんい》をふやけさせるためです。

ふやけた繊維がアイロンの熱によってのばされ、ピッとした姿に変身するというわけです。

なぜ男性は42歳、女性は33歳が厄年なの？

長寿大国と呼ばれる日本では、平均寿命《じゅみょう》が男性は79歳、女性は85歳になっています。しかし、たとえば100年前はこれほどの長寿ではなく、資料によれば平均寿命は30歳程度だったともいわれています。

現代なら助かるはずの病気やケガでも、医学がまだ発達しなかった時代には、死に至ることも少なくなかったでしょう。

そうした時代は、無事に成人したのち、結婚して子どもを生み育てて、ようやく一段落する時期が、男性なら42歳、女性なら33歳くらいだったのです。逆にいえば、ひと安心したために気が抜けてしまい、健康を害することの多い年頃だったはずで、そのために厄年《やくどし》として、油断を戒《いまし》めたというわけです。

大学ノートの大学って、どこの大学？

学生時代には誰でも一度は使うのが「大学ノート」でしょう。では、この「大学」とは、いったい何大学なのでしょうか。

1884年、大学ノートを初めて売り出したのは、現在の東京大学赤門前の洋書店といわれます。東大に通う学生たちが「罫線《けいせん》入りのノートがほしい」と希望したので、外国から輸入した筆記用紙を綴《と》じあわせてノートの形にしたのが最初だそうです。

ところで、1897年までは、大学といえば東大（帝大）のことを指していました。その学生のために売り出したノートだから「大学ノート」ということ。大学はほかになかったから、わざわざ「東京大学ノート」という必要がなかったのです。

ダンボールは、どうして丈夫なの？

梱包《こんぽう》に便利で、引っ越しのときにも役立つダンボールは、丈夫《じょうぶ》なスグレモノといえます。

もちろん、紙でできていますから、水に弱いのですが、ふつうに組み立てられた箱よりも丈夫であることは間違いありません。

ダンボールが丈夫な秘密は、内側に仕込まれているジグザグの紙にあります。この紙が強度を高めるとともに、空気の層をつくりだしていることで、頑丈《がんじょう》さが増すのです。

恐竜の名前についている「サウルス」って何？

史上最大級の肉食恐竜といわれているティラノサウルスや、背中に板が生《は》えているような姿をしたステゴサウルス、角《つの》をもった肉食恐竜とされるケラトサウルスなど、恐竜の名前には「サウルス」がつくものが多くあります。

この「サウルス」とは「トカゲ」という意味です。恐竜の研究者が、トカゲの仲間と考えて名づけたものです。

ちなみに、ティラノサウルスは「暴君《ぼうくん》のトカゲ」、ステゴサウルスは「屋根に覆《おお》われたトカゲ」、ケラトサウルスは「角をもつトカゲ」という意味です。

なぜ恐竜は絶滅したの？

大きな体と強い力を備えていた恐竜が、なぜ絶滅してしまったのか。それについては、さまざまな説がありますが、有力なのは、巨大隕石《いんせき》が地球に衝突したというものです。

もちろん、隕石が恐竜に当たったわけではありません。

隕石の衝突によって、大地の土や砂が大量のチリやホコリとなって空中に舞い上がります。それが太陽光線をさえぎり、植物を枯《か》らしてしまいます。すると、植物

をエサにしている動物が滅《ほろ》び、その動物たちをエサにしていた恐竜までも滅んでしまったというわけです。

空に飛んでいった風船はどこまでいくの？

遊園地などで子どもがゴム風船を手放してしまったときや、イベントでゴム風船の束《たば》が空に放たれたときに、ゴム風船がゆらゆらと上空に昇っていく光景を目にします。ゴム風船には空気よりも軽いヘリウムガスなどが詰められているために上昇していくのですが、舞い上がった風船は、どこまで上がっていくのでしょうか？

じつは、地上でのゴム風船は、まわりの空気の圧力（大気圧）とつりあった状態の大きさになっています。

ところが、高度が上がるにつれて大気圧は下がっていきます。大気の状態にもよりますが、上空5000メートルから6000メートルの高度では、地上の半分程度になるといわれています。

気圧が下がるということは、ゴム風船をまわりから押さえている力が弱まるということです。つまり、ゴム風船はどんどん、ふくらんでいきます。その結果、風船のゴムが、どんどんのびて、その限界を超えたときに破裂《はれつ》してしまうのです。

温度計の「℃」は何のマーク？

日本で使われている温度計のほとんどは、「摂氏《せっし》」という温度の計り方で表示されています。

摂氏は、スウェーデンの、アンデルス・セルシウスという人が１７４２年に考えたもので、水の凍《こお》る温度（氷の溶ける温度で「融点《ゆうてん》」といいます）を１００度とし、水の沸騰《ふっとう》する温度（「沸点《ふってん》」といいます）を０度として、そのあいだを１００等分しました。

その後、現在のように、融点が０度、沸点が１００度と改められ、０度以下と１００度以上にも刻《きざ》みがのばされたものです。

たとえば、20度なら「20℃」のように表記されますが、この「C」の記号は、考案者であるセルシウスをあらわしています。

アメリカの温度計は、日本と数値が違う？

日本が「摂氏《せっし》」温度を採用しているのに対して、アメリカでは一般的に「華氏《かし》」という温度の計り方が使われています。

これは、ドイツのガブリエル・ファーレンハイトが1724年に考えたもので、水の融《ゆう》点《てん》を32度、沸点《ふってん》を212度として、そのあいだが180度に区分されています。

たとえば、60度であれば、「60°F」のように表記されます。「F」はもちろん考案者であるファーレンハイトのことです。

濡れた砂は、どうして黒ずむの？

「白砂青松《はくしゃせいしょう》」という言葉もあるように、海岸の砂は真っ白でサラサラしています。ところが、波が押し寄せて濡れると黒ずんでしまいます。どうして一瞬で黒ずんでしまうのでしょうか？

その原因は、光の反射です。

白く見えるのは、砂そのものがもっている色です。ところが、海水に濡れることによって、砂が反射する光を水がさえぎるだけでなく、光そのものを吸収してしまうために、砂が黒ずんで見えるというわけです。

ビルの屋上の「H」や「R」の文字の意味は?

ビルの屋上に、大きくアルファベットの「H」という文字が書かれていることがあります。これは、緊急時にヘリコプターが離発着できる設備（緊急離発着場）を示したもので、「Heliport」の頭文字です。消防庁は高さ45メートル以上の建物については屋上にヘリポートをつくるように指導しています。

また、屋上に「R」というアルファベットが書かれているものもあります。こちらは、ヘリコプターがホバリングできる設備（緊急救助用スペース）をあらわしたもので、「Rescue（レスキュー）」の頭文字です。

使用済みの野球のボールはどうなるの？

テレビでプロ野球の中継を見ていると、しょっちゅうボールが交換《こうかん》されています。では、使われなくなったボールはどこへ行くのでしょうか？

試合に使って汚れたボールは、すべて練習用に使われます。練習用として使えないくらい汚れてしまっても、選手やスカウトが関係している高校に寄付されています。

一試合あたりに使われるボールの数は、六ダースから七ダースで八十球前後ですが、ボールはホーム（主催側）の球団が負担することになっています。

なぜ、四角いのに「リング」と呼ばれるの？

リングを英語で書くと「ring」。つまり「輪」や「環《わ》」という意味です。ボクシングやプロレスのリングは正方形なのに、なぜ「リング」と呼ぶのでしょうか？

昔のボクシングには決められた試合スペースはありませんでした。観客たちが1本のロープを持って輪を作り、その中で試合が行なわれていたのです。

やがてボクシングやプロレスが興行《こうぎょう》としてたくさんの人を集めるようになると、四方にポールを立て、それをロープでつないで試合のスペースにしました。それ以来、形は四角になったのですが、「リング」という名前だけは残ったというわけです。

最後のランナーは、なぜ錨(アンカー)と呼ばれるの?

陸上のリレー競技の最終走者をアンカーと呼びます。アンカーとは、船の錨《いかり》という意味です。リレーのアンカーにはいちばん速い走者が選ばれるようですが、なぜ「錨」と呼ばれるのでしょうか?

アンカーは、もともと「綱《つな》引《ひ》き」競技の用語でした。綱引き競技というと、小学校の運動会をイメージしますが、実はヨーロッパでは一〇〇年以上の歴史がある由《ゆい》緒《しょ》正しいスポーツなのです。

正式な綱引き競技は8人で行われます。その最後尾の人は一回だけロープを体に巻くことが認められています。腰を低く落として踏ん張る姿が船の錨にたとえられ、

「アンカー」と呼ばれるようになりました。

これがそのままリレー競技に当てはめられ、最終走者がアンカーと呼ばれるようになったというわけです。

突き指をしたら引っ張るといいってホント？

バレーボールの練習などで、突《つ》き指《ゆび》をすることがよくありますね。そんなとき、「突き指をしたら、すぐのばせ！」と言われて、思い切り引っ張った人も少なくないはずです。「突いたのだから逆にのばせばいい」という考え方でしょうが、これは絶対にやってはいけないことです。

突き指というのは正確な病名ではなく、実際には脱臼《だっきゅう》なのか打撲《だぼく》なのか骨折なのかはっきりしません。骨折している指を無理矢理にのばしたら危険です。

突き指をしたときには、とにかく冷やすこと。もし氷水があったら、その中に10分ほど入れておきます。氷水がない場合には、流水で冷やします。たかが突き指とバカにすると、あとで指が曲がらなくなることもあるので注意しましょう。

なぜ、相撲の土俵には徳俵があるの？

相撲《すもう》の土俵《どひょう》には徳俵《とくだわら》というものがあります。この徳俵は、正面、向こう正面、東、西にひとつずつ、合計４つあります。土俵はまん丸のほうが勝負の判定もしやすいはずですが、なぜ、徳俵があるのでしょうか？

昔は、相撲は屋外でおこなわれていました。そのため、雨が降ると、土俵に水がたまってしまいます。そこで、取り外しのできる俵をつくり、雨水を流し出しました。その名残りが徳俵です。

この俵に足をかけると「残しやすい」ので、いつからか、徳（得）俵と呼ばれるようになったのです。

編集協力◉幸運社／竹原有基
イラスト◉村木名美
ブックデザイン◉ナカジマブイチ（BOOLAB.）

● 著者紹介

本郷 陽二（ほんごう・ようじ）

1947年東京生まれ。早稲田大学文学部卒。総合出版社勤務を経て、編集企画プロダクションを設立。歴史・雑学・日本語からビジネス・発想まで幅広いジャンルの書籍で活躍。主な著書・執筆に関わったものに『正しい日本語で読み書きしていますか』(KKベストセラーズ)、『頭が良くなる！ 雑学の王様』『間違いのない日本語』(PHP研究所)、『頭がいい人の敬語の話し方』(日本文芸社) などがある。

子どもが飛びつく！ おもしろ雑学

平成22年9月10日　第1刷発行

著者
本郷陽二

発行者
友田　満

DTP
株式会社キャップス

印刷所
誠宏印刷株式会社

製本所
株式会社越後堂製本

発行所
株式会社日本文芸社
〒101-8407　東京都千代田区神田神保町1-7
TEL03-3294-8931(営業), 03-3294-8920(編集)
振替口座　00180-1-73081

編集担当・坂
URL　http://www.nihonbungeisha.co.jp
乱丁・落丁などの不良品がありましたら、小社製作部あてにお送りください。
送料小社負担にておとりかえいたします。

ISBN978-4-537-25786-1
112100810-112100810Ⓝ01